Zensho W. Kopp

Der direkte Zen-Weg zur Befreiung

Zensho W. Kopp

Der direkte Zen-Weg zur Befreiung

Mit 50 abstrakten Zeichnungen des Autors

EchnAton Verlag

Das vorliegende Buch ist die erweiterte Fassung des gleichnamigen Hörbuches, das im Hörbuchverlag steinbach sprechende bücher erschienen ist.

Viele Hörer haben in ihren Briefen den Wunsch geäußert, diesen Text auch in Buchform lesen zu können, um sich noch intensiver mit seiner tiefen Weisheit auseinanderzusetzen.

Dieser Wunsch hat dazu geführt, den Text, zusätzlich mit Zen-Meister Zenshos ausführlicher »Einführung in das Wesen und die Praxis des Zen«, jetzt auch als Buch zu veröffentlichen.

1. Auflage August 2015

Umschlaggestaltung: Michel Schmidt
Foto Rückseite: Verena Maus
Zeichnungen: Zensho W. Kopp
Druckoptimierung: Reinhard Zanella
Typografie und Satz: Torsten Zander
Lektorat: Verena Beau, Nikolai Bonstedt
Druck und Bindung: CPI books GmbH, Leck

Printed in Germany
ISBN: 978-3-937883-70-0
E-Book
ISBN: 978-3-937883-73-1
www.echnaton-verlag.de

Wenn man seinen Geist jählings in die unergründliche Tiefe entsinken lässt, die Verstand und Denken niemals zu erreichen vermögen, wird man den absoluten, strahlenden Einen Geist erschauen. So erlangt man Befreiung vom Kreislauf von Geburt und Tod.

Zen-Meister Ta-hui (12. Jh.)

Inhalt

Vorwort

Die in diesem Buch in ihrer Direktheit außergewöhnlich klaren Aussagen sind erfüllt von der tiefen Weisheit des Zen. Sie bergen in sich solch eine geistige Strahlkraft, dass sie uns in unserem Allerinnersten berühren.

Hierbei wird oft die Logik unseres festgefügten Verstandesdenkens erschüttert und es eröffnet sich uns die Möglichkeit, die für unseren Verstand unfassbare Wahrheit intuitiv zu erfassen.

Auf zeitgemäße und erfrischend unkonventionelle Weise lehrt Zen-Meister Zensho ein vollkommen freies Zen, das an keine bestimmte Form gebunden ist. So finden sich in diesem Buch neben den vielen Zen-Zitaten auch mehrere Zitate aus dem indischen Vedanta und der christlichen Mystik.

Das Besondere an Zenshos Lehrmethode ist, dass er ohne beschönigende Umschweife direkt auf den Punkt kommt und auf das Wesentliche verweist. So sind auch seine aufrüttelnden Worte in diesem Buch eine totale Rebellion gegen unseren konditionierten Verstand. Denn sie zertrümmern unsere ganzen festgefügten Konzepte und alle unsere liebgewonnenen Illusionen. Mit zenistischer Konsequenz wird alles hinweggefegt, damit wir fähig werden, zur Befreiung des Geistes jenseits unserer begrenzten Verstandeslogik zu gelangen und den Zustand reiner Bewusstheit zu erfahren.

Von der ersten bis zur letzten Seite des Buches geht es Zensho insbesondere um unsere Erweckung aus dem alltäglichen Schlummer der Gewohnheiten, der uns am unmittelbaren Erleben der Wirklichkeit hindert. So sagt Zensho:

> Grundlegend im Zen ist deshalb die Verwirklichung von absoluter Bewusstheit jetzt-hier, von Augenblick zu Augenblick, wo wir auch sind und bei allem, was wir tun. Die Wahrheit des Zen ist einfach und unmittelbar. Sie zeigt sich gerade in den allergewöhnlichsten Dingen des Alltags.
> Die Wirklichkeit, die wir suchen, ist stets gegenwärtig – gerade in diesem Augenblick! Im Trinken eines Glases Wasser oder beim Binden der Schnürsenkel – offenbart sich das Geheimnis und Wunder des Zen. Dies ist aber nur für denjenigen nachvollziehbar und erfahrbar, der vollkommen gegenwärtig aus dem unmittelbaren Augenblick heraus die Dinge erlebt.

Ein wunderbares Beispiel hierfür findet sich in Zenshos mit großer Spontaneität und absoluter Bewusstheit gezeichneten Bildern in diesem Buch, die auf unmittelbare Weise den Geist des Zen zum Ausdruck bringen. Zen ist eine reine Sache der Erfahrung. Deshalb warnen uns alle großen Meister des Zen immer wieder davor, Zen zum Gegenstand logischer, verstandesmäßiger Spekulation zu machen. Denn wir können die Wahrheit des Zen nicht als ein Konzept, nicht als eine Lehre oder Philosophie erlernen.

Aus diesem Grund werden theoretische Darlegungen der buddhistischen Lehre im Zen mit einem Finger verglichen, der auf den Mond zeigt. Wenn wir den Mond sehen wollen, dann dürfen wir jedoch nicht bei der Betrachtung des Fingers, der auf den Mond zeigt, hängen bleiben in der irrtümlichen Annahme, er sei der Mond. Vielmehr müssen wir uns von dem Finger lösen und den Mond selbst anschauen.

Mit brillanter Klarheit weist uns Zensho den Weg zur Befreiung von unserem blockierenden Denkzwang und unseren konditionierten Gefühls- und Verhaltensmustern, die uns die wahre Sicht verdunkeln und unser Leben leidvoll und unfrei machen. Hierbei lässt er auch anhand vieler Zitate die alten chinesischen Zen-Meister, die mit ihren paradoxen Worten und Handlungen unseren Verstand aus den Angeln heben, selbst zu Wort kommen.

So wird zum Beispiel ein Ausspruch von einem alten Meister oder oft auch ein Mondo – ein Dialog zwischen Meister und Schüler – aus der klassischen Zen-Literatur aufgegriffen und von Zensho erhellend durchleuchtet.

Diese klärenden Erläuterungen bieten den wesentlichen Schlüssel zum Verständnis der Aussagen. Ohne diese Erläuterungen von einem Meister, der sich in der gleichen erleuchteten Bewusstseinsdimension befindet wie diese alten chinesischen Meister, bliebe uns der tiefe Sinngehalt dieser Aussagen verschlossen – insbesondere der jener »schlagfertigen« Dialoge zwischen Meister und Schüler, in denen oftmals handgreiflich das festgefahrene Denken des Zen-Schülers zerschlagen wird.

Eine äußerst wertvolle Bereicherung für dieses Buch ist Zen-Meiser Zenshos ausführliche Einführung in »Das Wesen und die Praxis des Zen«, die dem Leser eine komprimierte Zusammenfassung der Zen-Praxis vermittelt.

Wir spüren in diesem sehr lebendigen Zen-Buch mit Zenshos ausdrucksstarken Zeichnungen, die den Geist des Zen atmen, die Verwirklichung und Freiheit eines der bedeutendsten Weisheitslehrer unserer Zeit. Er besitzt die besondere Gabe, die tiefe Wahrheit des Zen auf zeitgemäße Weise zu vermitteln. Zenshos Sprache ist erfrischend lebensnah und von einer erstaunlichen Klarheit, die uns verwandelt und befreit.

Er weist uns auf einfache Weise den Weg zur Verwirklichung unseres wahren Seins, der sich mitten im Alltag unserer modernen Welt praktizieren lässt. All diejenigen, die jedoch glauben, sich auf dem spirituellen Weg vom alltäglichen Leben abgrenzen zu müssen, werden in diesem Buch schnell eines Besseren belehrt. Denn Zenshos direkter Zen-Weg zur Befreiung ist »radikal empirisch«. Er ist kein Weg weltflüchtiger, elitärer Abgeschiedenheit, sondern führt mitten durch die Welt hindurch.

Mai, 2015 — Zen-Zentrum Tao Chan, Wiesbaden

Kommentar zu den Zeichnungen

Das Einmalige und besonders Wertvolle der in diesem Buch gesammelten Zeichnungen ist, dass sie bildgewordene Offenbarungen eines erleuchteten Bewusstseins sind. Fernab von aller traditionellen Gebundenheit geht der Zen-Meister und Künstler Zensho W. Kopp vollkommen eigene Wege, indem er seine Bilder nicht wie sonst in der Zen-Kunst allgemein üblich mit schwarzer Tusche, sondern mit dem Bleistift zeichnet.

Zenshos Zeichnungen, die den wahren Geist des Zen atmen, sind sichtbar gewordene Reflektionen aus seinem Allerinnersten. Seine künstlerische Ausdrucksweise entspricht jener der chinesischen und japanischen Zen-Maler, die mit wenigen Strichen und oft geradezu ungestümem Pinseleinsatz das Wesentliche auszusagen wussten.

Zenshos spontane Malweise wie auch die abstrakten Formen seiner Zeichnungen bringen den Geist des Zen auf eine Weise zum Ausdruck, wie es Worte nicht vermögen. Einen Eindruck davon gewinnt man auch in seinem 2011 im Schirner Verlag erschienenen Bildband »Im Farbenrausch des Göttlichen«.

So fühlen wir, dass uns in den subtilen Spannungsverhältnissen seiner Zeichnungen – zwischen Linie und der weißen Fläche des Hintergrundes, zwischen Form und Formlosem – etwas Unfassbares berührt. Die Formen scheinen entmaterialisiert zu entschweben, um im leeren Grund der transzendenten jenseitigen Sphäre aufgehoben zu sein. So ist der leere Bildgrund in Zenshos Gemälden weitaus mehr als nur der unbemalte Teil des Bildes.

Der leere Grund wird in der Zen-Malerei mit dem leeren Grund des Seins identifiziert und steht für die form- und eigenschaftslose Leere, Shunyata. Dieser leere Grund ist jene absolute Wirklichkeit, die durch die Transparenz aller Formen und Farben und somit durch alle Erscheinungen hindurchleuchtet.

Hier zeigt sich auch die tiefe Bedeutung des Aussparens und Leerlassens in Zenshos Bildern. Die Reduktion der Erscheinungen auf ihre Wesenheit ist der Kern seines künstlerischen Schaffens. Es befasst sich nicht mit den sinnlich wahrgenommenen Erscheinungen, sondern mit jener absoluten Wirklichkeit, die hinter allem liegt. Diese allerhöchste Wirklichkeit wird in der Zen-Malerei durch das Kreissymbol »Enso« zum Ausdruck gebracht. Es ist eines der bekanntesten Symbole des Zen, das wir in Zenshos Zeichnungen immer wieder finden.

In seinen von atmosphärischer Klarheit geprägten Zeichnungen drückt sich so die Schau eines spirituellen Meisters aus, der in seinem Erwachen zur Wirklichkeit des Seins die allem zugrundeliegende Harmonie und Ganzheit des Universums erfahren hat.

Versunken in die stille Betrachtung dieser Bilder, eröffnet sich uns ein neuer, ungeahnter Zugang zur Wirklichkeit unseres wahren Seins. Denn was der Künstler und Mystiker in seine Bilder hineingab, strömt aus ihnen hervor und fließt mit unwiderstehlicher Macht in unseren Geist über.

Zen-Meister Zenshos Zeichnungen in diesem Buch sind wahre Meisterwerke künstlerischen Schaffens. Und wer sich auf diese in den Bereich des Sichtbaren getretenen Offenbarungen des Unsichtbaren einlässt, der lässt sich damit zugleich auf jene Wirklichkeit ein, aus der sie hervorgetreten sind.

Mai, 2015 Edward Duvernoy

Einführung in das Wesen und die Praxis des Zen

Das augenblickliche Erfassen der Wirklichkeit

Das wesentliche Anliegen des Zen ist das Erwachen zur Wirklichkeit unseres wahren Seins. Es verweist stets mit äußerstem Nachdruck auf den Einen Geist als unser ursprüngliches, wahres Wesen und ist zugleich eine vollkommen praktische, ganz auf die Wirklichkeit des Hier und Jetzt ausgerichtete Lehre. Die Methode seiner geistigen Vermittlung ist verblüffend einfach und unmittelbar direkt. Deshalb lässt Zen alles überflüssige Drum und Dran beiseite und verweist nur auf die absolute Wirklichkeit, die sich jetzt-hier offenbart.

Zen ist die Essenz und der Höhepunkt des gesamten Buddhismus. Obwohl es ursprünglich aus dem Buddhismus hervorgegangen ist, hat es sich sehr schnell vom traditionellen Buddhismus abgewandt. Denn Zen interessiert sich nicht im Geringsten für die hohen philosophischen Spekulationen buddhistischer Gelehrsamkeit. Ganz im Gegenteil – es ist vielmehr darum bemüht, konsequent mit dem diskursiven Verstandesdenken zu brechen, das stets bestrebt ist, alles, was in den Bereich des Unergründlichen gehört, zu definieren und somit zu begrenzen. Deshalb sagt der chinesische Zen-Meister Ying-an (12. Jh.):

> Die Wahrheit des Zen kann man nicht durch Vorträge, Debatten und Erörterungen erlangen. Wenn du irgendwann plötzlich das Licht deines Geistes umwendest und alle Täuschungen durchschaust, wirst du das wahre Selbst erblicken.

Dies ist das ursprüngliche, lebendige Zen des augenblicklichen Erfassens der Wirklichkeit, wie es von den großen chinesischen Meistern in der Zeit der Hochblüte des Zen praktiziert wurde. Es hebt sich ab durch seine radikale Unabhängigkeit und lehrt auf erfrischend lebendige Weise einen direkten Weg zur Befreiung, der an keine bestimmte Form gebunden ist. Eines der wesentlichen Merkmale des Zen ist die besondere Art der Übertragung außerhalb aller buddhistischen heiligen Schriften und Worte. Denn alles unterscheidende Verstandesdenken ist für die Anhänger des Zen-Buddhismus ein grundsätzliches Hindernis auf dem Weg zur Erleuchtung. Deshalb bietet Zen auch keine bestimmte Lehre und keine fertigen Antworten. Es entzieht sich unserer Vernunft und widersetzt sich jeder begrifflichen Bestimmung. Daher erklärte Boddhidharma, der legendäre erste Patriarch des Zen aus dem 6. Jahrhundert:

> Meine Lehre dringt unmittelbar direkt in des Menschen Herz. Daher ist sie einzigartig und nicht verstrickt in Worte und kanonische Vorschriften; sie ist die unmittelbare Weitergabe des echten Siegels.

Zen kann man nicht lernen, nicht studieren. Denn es lässt sich nicht durch die begrenzte Einseitigkeit des ich-zentrierten Verstandes begreifen. Diejenigen, die Zen erlernen wollen, sind schon von Anfang an auf dem falschen Weg. Man kann den Zen-Buddhismus noch so ausgiebig studiert haben und alles darüber wissen. Doch was nützen all die leeren Worte, wenn man sein eigenes, wahres Wesen nicht erkennt?

Zen führt uns über die Welt des Intellekts hinaus zu einer Wirklichkeit, die schon immer da war, lebendig, allgegenwärtig und frei von Abstraktionen. Der Gebrauch der Logik des unterscheidenden, begrifflichen Denkens zur Ergründung der letzten Wahrheit ist in den Augen des Zen Unwissenheit. Denn sich auf das verstandesmäßige Begreifen zu verlassen bedeutet, das innere Licht unseres wahren Selbst daran zu hindern, sich zu entfalten.

Der wahre Selbst-Geist, neben dem nichts anderes existiert, ist die »leere«, strahlende Natur des Seins. Dieser Geist ist seinem Wesen nach ohne Substanz und allgegenwärtig. Er ist unsere absolute Wirklichkeit, die sich »jetzt-hier« offenbart. Alles, was als die vielfältigen Formen vor unseren Augen erscheint, ist die Widerspiegelung dieses Einen Geistes. Es gibt keine Existenz und keine Nicht-Existenz der Phänomene. Erscheinung und Wirklichkeit durchdringen einander vollständig. Dies ist die zentrale Botschaft des Zen.

Deshalb heißt es auch im Mahaprajnaparamita-Hridaya-Sutra, kurz »Herz-Sutra« genannt, das täglich in den Zen-Klöstern rezitiert wird: »Form ist Leere und Leere ist Form«. Ein intuitives Verständnis dieser »Nur-Geist-Lehre«, mit einem unerschütterlichen Glauben an die ursprüngliche Reinheit des

Geistes, gilt im Zen als unerlässliche Voraussetzung zur Erleuchtung.

Alles ist ein allumfassendes Ganzes, das alles in sich beschlossen hält. Deshalb gibt es im Zen auch keine Trennung zwischen heilig und gewöhnlich, denn es unterscheidet nicht zwischen spirituellem Leben und aktivem Leben. Die ganze Welt, das ganze Universum, alles ist heilig, nichts, was nicht heilig wäre, und dies heißt letztlich: »Nichts ist heilig.« Mit den Worten von Bodhidharma, als Antwort auf die Frage, was das Heiligste in der Welt sei: »Offene Weite – nichts von heilig!«

Zen ist eine reine Angelegenheit der persönlichen Erfahrung. Deshalb will und muss es gelebt werden, überall und zu jeder Zeit, in jedem einzelnen Augenblick des Tages, denn der gegenwärtige Augenblick umfasst alles, die ganze Fülle des Seins. Wenn wir den gegenwärtigen Augenblick versäumen, versäumen wir das wirkliche Leben, denn wir versäumen die allgegenwärtige göttliche Wirklichkeit.

Das Schwert der Weisheit

In der unmittelbaren Gegenwart des Jetzt befinden wir uns in der zeitlosen Ewigkeit des Seins. Deshalb müssen wir den gegenwärtigen Augenblick hellklar bewusst und stets neu erfahren, indem wir uns ganz auf ihn einlassen – frei von allen Vorstellungen und Konzepten.

Wir müssen die Wahrheit des Zen wirklich ganzheitlich erfahren und mit unserem ganzen Sein innerlich aufnehmen und erleben. Doch da wir das unaussprechliche, tiefe Geheimnis des Zen mit unserem Denken nicht erfassen können, bedürfen wir der wortlosen Einweihung durch einen erleuchteten Meister, damit sich unser inneres Auge der Erkenntnis öffnet. Dies geschieht in der Tradition des Zen in einer direkten, geheimen Übertragung von Herz-Geist zu Herz-Geist. Deshalb sagt der chinesische Zen-Meister Huang-po (9. Jh.):

> Es gibt kein Verständnis durch Worte, sondern nur eine Übertragung von Geist zu Geist.

In ihrer kraftvollen, direkten Art der Vermittlung ermahnen die Meister des Zen ihre Schüler immer wieder, nicht an Worten zu haften, weil die höchste Wahrheit nicht ausgesagt werden kann, nie ausgesagt worden ist und nie ausgesagt werden wird. Denn die höchste Wahrheit ist dynamisch und lebendig, während unsere Begriffe statisch und tot sind.

Deshalb fordert uns Zen auf, unseren Geist von allem – was es auch sei – zu befreien und uns nicht auf irgendwelche künstlichen Methoden zum Erlangen der Wahrheit zu verlassen. Folgen wir also dieser Auffassung und ergreifen wir das Schwert der nicht-unterscheidenden Weisheit und zerschlagen wir jetzt, in diesem Augenblick, die Fesseln unserer verstandesmäßigen Interpretationen. Mit den kraftvollen Worten des chinesischen Zen-Meisters Shüeh-tou (11. Jh.):

> Wo das Schwert der Weisheit herniedersaust, verlieren Sonne und Mond ihr Leuchten, und Himmel und Erde verlieren ihre Farbe. Durch diese Erfahrung platzen die Wänste der Teufel, und es öffnet sich dir das Auge der transzendenten Weisheit.

Zen ist keine Angelegenheit des Lernens, sondern vielmehr eine des Verlernens. Es ist eine Rückkehr zum Ursprung unseres wahren Seins. Das heißt: Wir müssen unser ganzes illusorisches Wissen und unsere bisher angesammelten Kenntnisse über Zen und Buddhismus vollkommen hinter uns lassen, wenn wir die unvergleichliche Erleuchtung erlangen wollen. Man mag diesen Lehren allenfalls einen hinführenden, vorbereitenden Wert zugestehen. Doch in den Augen der großen alten chinesischen Zen-Meister wie Lin-chi, Ma-tsu, Hui-neng und Huang-po waren alle Schriften des traditionellen Buddhismus nur wertloses Papier. So sagt auch der chinesische Zen-Meister Yung-chia (8. Jh.):

> Unmittelbar die Wurzel abschneiden, das ist das Siegel des Buddha. Um das Aufsammeln von Blättern und die Suche nach Zweigen kümmere ich mich nicht.

Wenn wir also die tiefe Wahrheit des Zen wirklich erfahren wollen, müssen wir uns direkt auf sie einlassen und es vermeiden, dass uns Begriffe und Vorstellungen von der Wirklichkeit trennen. In der Sprache des Zen: »Wo nichts gesucht wird, ist der ungeborene Selbst-Geist gegenwärtig.« Deshalb geben Zen-Meister keine langen Erklärungen ab und definieren auch nichts, denn definieren heißt Grenzen setzen.

Der Selbst-Geist ist Buddha

Zen verweist stets mit äußerstem Nachdruck auf den »Herz-Geist«, als die wahre Wesensnatur des

Menschen, um uns zu befähigen, die Wahrheit »in uns selbst« zu entdecken und zu unserer ursprünglichen Buddha-Natur zu erwachen. Denn es ist vollkommen unmöglich, den Selbst-Geist, das heißt unser wahres Selbst, woanders zu finden als in unserem eigenen Geist. Wir können noch so viel im Äußeren suchen, doch wie sollte es möglich sein, uns selbst zu finden, wenn wir woanders suchen als in uns selbst? Hierzu sagt der chinesische Zen-Meister Yüan-wu (12. Jh.):

> Die große Wahrheit des Zen ist in jedermanns Besitz. Schau nur in dein eigenes, wahres Wesen und suche es nicht durch andere. Dein eigener Geist ist jenseits aller Form, er ist frei und still und sich selbst genügend. Immerwährend offenbart er sich selbst. In seinem Licht löst sich alles auf.

Zen-Meister Yüan-wu gibt uns hier den guten Rat: »Schau nur in dein eigenes, wahres Wesen.« Dieser wohlgemeinte Rat bezieht sich auf die Praxis der Zen-Meditation, als einem wesentlichen Grundelement des Zen. Obwohl dem so ist, beschäftigen sich heutzutage die meisten Anhänger des Zen-Buddhismus nur theoretisch mit der Lehre des Zen. Das ist ein sehr bedauerlicher Zustand. Denn ohne die in der Zen-Meditation verwirklichte »Klarschau des Geistes« ist es nicht möglich, sich von dem Dualismus des unterscheidenden, begrifflichen Denkens zu befreien, der wie dunkle Wolken das Licht unseres wahren Selbst überdeckt. Deshalb sagt der chinesische Zen-Meister Hung-chi (12. Jh.):

> Um Zen in seiner ganzen Tiefe zu erfahren, musst du den Geist klären und dich in die stille Übung des inneren Schauens versenken. Gewinnst du die völlig ungehinderte Einsicht in den Ursprung des Wirklichen, so ist der Geist offen, klar und hell wie der Mond, der das Dunkel der Nacht fortnimmt. Vollkommen ganz, vom Licht strahlend, leuchtet er durch das ganze Universum und durchschneidet Vergangenheit, Gegenwart und Zukunft.

Die Zen-Meditation ist die unbedingte Voraussetzung zur Erleuchtung. Deshalb wird sie im Zen-Buddhismus als unentbehrliche Praxis auf unserem Weg zur Verwirklichung angesehen. Doch hat sich erst einmal unser inneres Auge der Erleuchtung geöffnet, wird die Meditation keine besondere Übung mehr sein. Denn sie wird jetzt zu einem ganz natürlichen und spontanen Ausdruck unseres täglichen Lebens. Ob wir sitzen oder stehen, wo wir auch sind und was wir gerade tun, alles wird zur wunderbaren Meditation.

In diesem Bewusstseinszustand des anstrengungslosen, mühelosen Gewahrseins des Geistes befinden wir uns in der allumfassenden Ganzheit des Seins und erleben uns als eins mit allen Wesen. Zen-Meister Fen-yan (11. Jh.) gibt uns eine sehr gute Beschreibung dieser hohen Zen-Verwirklichung nach der Erleuchtung:

> Ist das Zen zu deinem natürlichen Leben geworden, so bleibt dein Geist gelassen und wird von weltlichen Belangen nicht berührt. Du befindest dich im Reich der Erleuchtung, transzendierst die gewöhnliche Welt und bist vollkommen frei inmitten der Menschen. So bist du in vollkommener Einheit mit dem, was jenseits der Welt ist, und umfängst zugleich, was in den Bereichen des Daseins ist.

Das hier Gesagte bezieht sich auf jene absolute Verwirklichung, bei der das Mumonkan, »Das torlose Tor« zur grenzenlosen Befreiung, wirklich vollkommen durchschritten wurde. Denn nur wenn wir wirklich »tiefgreifendes Satori«, die große Erleuchtung, erfahren haben und nicht nur ein kurzes Aufblitzen unserer Wesensnatur, dann ist dies die große Befreiung. Doch obwohl Satori in einem Augenblick erfahren wird, muss dieses erleuchtete Bewusstsein von hellstrahlender Klarheit über eine lange Zeit mitten im Leben gefestigt werden. Dann erst gelangen wir zur Hum-Verwirklichung mitten in der Welt.

Dieses verwirklichte, hellklare Bewusstsein kann nicht mehr verloren gehen. Das ganze Sein hat sich gewandelt, so dass unser ganzes Leben zu einer Erfahrung der allumfassenden Ganzheit des Seins geworden ist. Hierdurch erleben wir Samsara und Nirvana als untrennbare Einheit.

Koan-Praxis

Ein weiteres wesentliches Element, neben der Meditation, ist im Zen die Auseinandersetzung mit einem »Koan«. Ein Koan ist ein Paradoxon, ein geistiges Problem, das der Zen-Schüler von seinem Meister erhält und dessen Auflösung mittels seines unterscheidenden Denkens nicht möglich ist. Es ist ein praktisches und äußerst kunstvolles Hilfsmittel, das die alten chinesischen Meister geschaffen haben, um uns in unserem Bemühen um Erleuchtung zu helfen.

Die großen chinesischen Meister des goldenen Zeitalters des Zen waren sehr schöpferische Geister, die die Fähigkeit besaßen, spontan Koans hervorzubringen, die dem jeweiligen Bewusstseinszustand ihrer Schüler angepasst waren.

Eines der bekanntesten Koans ist das folgende aus dem Mumonkan, dem »Torlosen Tor«, einer Koan-Sammlung aus dem 13. Jahrhundert des chinesischen Zen-Meisters Mumon:

> Es ist wie bei einem Zen-Mönch, der sich mit seinen Zähnen an einem Zweig eines hohen Baumes festgebissen hat, ohne jeden anderen Halt. Seine Hände können keinen Ast ergreifen, seine Füße können den Baum nicht berühren.
> Ein vorbeiziehender Wanderer bleibt unter dem Baum stehen und fragt ihn: »Warum ist Bodhidharma aus dem Westen gekommen?« (Diese im Zen sehr häufig gestellte Frage heißt so viel wie: »Was ist der tiefe Sinn der Wahrheit des Zen?«)
> Wenn er nicht antwortet, kommt er dem buddhistischen Gelöbnis nicht nach, allen Wesen

> zur Befreiung zu verhelfen. Wenn er jedoch antwortet, wird er sein Leben verlieren. Was soll er tun?

Der chinesiche Zen-Meister Mumon gibt hierzu folgenden Kommentar:

> Obwohl deine Beredsamkeit wie ein Fluss dahinfließt, nützt sie dir hier gar nichts. Wenn du die ganze Sammlung der buddhistischen Schriften auslegen kannst, ist auch das ohne Wert. Kannst du aber wirklich antworten, dann wirst du die Lebenden töten und die Toten zum Leben erwecken.

Auch das folgende Koan steht im Mumonkan und wird im Zen als eines der acht schwierigsten bezeichnet:

> Eine Kuh geht durch ein Fenster. Ihr Kopf, ihre Hörner, ihr Bauch und ihre vier Beine sind schon durchgegangen. Doch wie kommt es, dass ihr Schwanz nicht hindurchgeht?

Am Abgrund des Nichts

Ein Koan ist kein Rätsel, wir können es nicht lösen. Denn es hat keinc Lösungsmöglichkeit wie ein Rätsel, bei dem wir nur die richtige Antwort finden müssen. Ein wirkliches Zen-Koan ist unlösbar, wir können es nicht lösen, wir können es nur »auflösen«. Und weil wir ein Koan nicht lösen können, gibt es nur einen einzigen Ausweg:

Wir müssen aufwachen aus unserem Traum aus Körper, Geist und Welt und so die Illusion unseres Gebundenseins an den Kreislauf von Geburt und Tod »auflösen«. Das heißt: Die Antwort auf das Koan liegt »in uns selbst«, denn das Koan hat einzig und allein nur mit uns zu tun.

Das hervorstechende Merkmal bei allen Koans ist das Alogische, das Widersinnige der Worte und Handlungen. Liest man die aus dem Geist des Zen gesprochenen Antworten der Zen-Meister auf die Fragen ihrer Schüler, dann ist man verwirrt und fragt sich, was die Antwort eigentlich mit der Frage zu tun hat.

Doch sollten wir uns bewusst machen, dass es sich bei diesen Äußerungen der großen Zen-Meister nicht um eine begriffliche oder intellektuelle Feststellung innerhalb unserer gewohnten Grenzen des logischen Denkens handelt. Vielmehr haben wir es hier mit dem Ausdruck einer gewaltigen Erfahrung von solch einer allumfassenden Universalität zu tun, dass in ihr alle Schranken von Raum und Zeit und alle Begrenzungen einer verbalen Vermittlung überschritten werden.

Das Koan überwältigt unseren Intellekt. Es verursacht einen Kurzschluss in unserem Denken und lähmt unser kritisches Unterscheidungsvermögen. Denn der Sinn und Zweck eines Koans ist, dass es in uns eine geistige Grenzsituation herbeiführt, bei der unser Verstand festsitzt und wir weder vor- noch zurückkönnen. Wir befinden uns am Abgrund des Nichts, und unsere einzige Rettung ist, uns selbst und alles, was es auch sei, loszulassen. Mit den Worten des chinesischen Zen-Meisters Ta-hui (12. Jh.):

> Wenn man seinen Geist jählings in die unergründliche Tiefe entsinken lässt, die Verstand und Denken niemals zu erreichen vermögen, wird man den absoluten, strahlenden Einen Geist erschauen. So erlangt man Befreiung vom Kreislauf von Geburt und Tod.

Das Wesentliche bei der Beschäftigung mit einem Koan ist, dass wir eben jenen hellklaren Bewusstseinszustand erlangen, aus dem heraus die Worte gesprochen wurden und den logische Analyse niemals erreichen kann. Denn erst wenn der Geist so weit gereift ist, dass er vollkommen gleichgestimmt ist mit dem Geist des Meisters, der uns das Koan gab, enthüllt sich uns die tiefe Wahrheit, die im Koan verborgen war.

Der Meister

Ein wahrer Meister wird seinem Schüler jedoch niemals eine Antwort auf ein Koan anbieten. Denn dann würde er ihn der Möglichkeit berauben, dass die in dem Koan verborgene Wahrheit in einer plötzlichen inneren Explosion des Begreifens in ihm selbst aufgeht.

Die wesentliche Funktion eines Zen-Meisters besteht deshalb vielmehr darin, alles aus dem Weg zu räumen, was uns vom unmittelbaren Erleben der Wahrheit trennt. Mit liebevoller Härte zerschlägt er mit dem Schwert der nicht-unterscheidenden Weisheit den ganzen Wald von Vorstellungen, die wie ein dichtes Rankengewirr unseren Geist verdunkeln.

Seine Bemühungen, oftmals handgreiflicher Art, zielen dabei einzig und allein nur darauf ab, das aufzudecken, was schon immer von allem Anfang an in unserem Allerinnersten als unser wahres Sein gegenwärtig ist. Hierzu folgendes Beispiel:

> Der chinesische Zen-Meister Yün-men (10. Jh.) betrat die Lehrhalle und sagte: »Der Buddha erreichte die Erleuchtung, als der Morgenstern erschien.«
> Da fragte ein Mönch: »Wie ist es, wenn man beim Erscheinen des Morgensterns die Erleuchtung erlangt?«
> Yün-men sagte: »Komm doch mal her, ich zeige es dir!«
> Der Mönch trat vor ihn hin. Der Meister schlug ihn mit seinem Stock und jagte ihn zur Halle hinaus.

Jedes verfügbare Mittel, seien es laute Schreie oder Stockschläge, ist einem Meister recht, um den verblendeten Geist aufzusprengen und uns aus dem Schlummer unserer gewohnten Sichtweise zu erwecken. Denn jede gewohnte, konditionierte Sichtweise, welcher Art auch immer, hindert uns am unmittelbaren Erleben der Wirklichkeit.

Satori – die große Erleuchtung

Es gibt keine stufenweise Erleuchtung, sondern nur ein »plötzliches Erwachen« zur Wirklichkeit unseres wahren Seins. Dies ist der wesentliche Kerngedanke des Zen. Die Erleuchtung hat keine verschiedenen Stufen und geschieht ganz plötzlich, aber im Allgemeinen erst am Ende eines langen Prozesses des spirituellen Reifens.

Satori, die große Erleuchtungserfahrung, ist wie das Aufblühen der Lotusblume, sie gleicht dem plötzlichen Erwachen eines Träumers. Sie kommt immer blitzartig und vollkommen unerwartet über uns, denn sie ist eine absolute Augenblickserfahrung.

In einem Nun, in einem einzigen Augenblick weitet sich der Geist ins Grenzenlose und es eröffnet sich uns eine vollkommen neue Sicht, die unser ganzes Sein verwandelt.

Voraussetzung zu dieser Erfahrung ist jedoch, dass wir zu einem absoluten Loslassen gelangen. Denn erst wenn wir unsere gewohnten Anklammerungen an unsere Konzepte aufgeben, sind wir reif zur Befreiung von unserem Gebundensein an den Kreislauf von Geburt und Tod.

In jener geistigen Verfassung der Loslösung von Körper, Geist und Welt gelangen wir an die Schwelle des mystischen Todes. Das Ego stirbt den »großen Tod«, und was folgt, ist das »große Leben«.

Wir erleben unsere Auferstehung über die dunklen Nebel der Erscheinungen in das klare Licht der Wirklichkeit. Unser wahres Auge der Erleuchtung ist mit einem Mal geöffnet, und gleich einem von dem Toten Auferstandenen werden wir in Lachen ausbrechen und in die Hände klatschen vor Freude.

In diesem Augenblick werden wir erkennen, dass unser eigener Geist und die grenzenlose Weite des Einen Geistes ein einziges Sein ist, neben dem nichts anderes existiert. In dieser großen Befreiung haben die Wechselfälle des täglichen Lebens keine Macht mehr über unser Bewusstsein. Die Ketten der Illusion sind zerbrochen, und wir sind in die höhere Welt des Wirklichen eingetreten.

In der Art seiner unmittelbaren Direktheit weist Zen immer wieder darauf hin, dass die Erleuchtungserfahrung jedem jederzeit möglich ist, der wirklich bereit ist, sich selbst und alle seine festgefügten Konzepte vollkommen loszulassen. Der chinesische Zen-Meister Shen-tsang (8. Jh.) beschreibt dies mit folgenden Worten:

> Einzigartig strahlt das wunderbare Licht,
> nicht zu fassen durch Worte und Buchstaben.

> Sobald du nur deine Wahnvorstellungen fallen lässt, ist die Buddhaschaft Wirklichkeit geworden.

In diesem Augenblick der großen Befreiung offenbart sich uns unser ursprüngliches wahres Wesen – der Eine Geist, der hinter den dunklen Wolken des unterscheidenden begrifflichen Denkens verborgen war. Zen-Meister Huang-po (9. Jh.) beschreibt diese wunderbare Erfahrung mit folgenden Worten:

> Dieser reine Geist, die Quelle von allem, scheint für immer und auf alle mit dem Glanz seiner eigenen Vollendung. Aber die Menschen in der Welt werden dessen nicht gewahr, da sie nur das für Geist halten, was sieht, hört, fühlt und weiß. Durch ihr eigenes Sehen, Hören, Fühlen und Wissen geblendet, erkennen sie nicht die geistige Herrlichkeit der Quellsubstanz.
> Doch würden sie endlich alles begriffliche Denken in einem Augenblick abwerfen, dann würde sich diese Quellsubstanz manifestieren wie die Sonne, die in der Leere aufsteigt und das ganze Weltall ohne Hindernis oder Schranken erleuchtet.

Mit den kraftvollen Worten des chinesischen Zen-Meisters Fa-yong aus dem 12. Jahrhundert:

> Die Kraft des Nicht-Denkens ist wie die Glut der Flamme oder der blitzschnelle Hieb eines scharfen Schwertes. Wenn der Geist frei von Gedanken ist, ist zugleich das Löwengebrüll erreicht. Jede weitere Beschreibung würde mindere Geister nur in Angst und Verwirrung versetzen.

In dieser Befreiung von den Ketten unserer selbstgezeugten Begrenzungen schwinden die dunklen Wolken unserer geistigen Verblendung. Der Geist erstrahlt wie der klare Himmel in grenzenloser Weite und Leere und nichts vermag ihn mehr zu verdunkeln. Die Wirklichkeit unseres ursprünglichen, wahren Seins liegt in uns selbst. Es gibt nichts zu erreichen und nichts zu verändern. Unser wahres Selbst ist schon jetzt absolut vollkommen und ist es immer gewesen.

In der Erkenntnis, dass der eigene Geist als unser wahres Wesen Buddha ist und weder mit der Geburt beginnt noch mit dem Tod vergeht, offenbart sich das Geheimnis des Zen. Deshalb legt Zen den allergrößten Wert auf die Einsicht, dass die Erleuchtung dem Geist innewohnt und es deshalb nichts zu erreichen gibt. Zum ursprünglichen Zustand des Geistes zu gelangen und so von allen Begrenzungen und Illusionen frei zu sein, ist die unmittelbare Erfahrung der Wahrheit des Zen.

Ich bin mir vollkommen bewusst, dass so manches, was in diesem Buch geschrieben steht, den Leser herausfordern und aufrütteln wird. Denn es wird vieles, von dem er überzeugt ist und woran er glaubt, als Illusion aufdecken und hinwegfegen. Dies ist aber auch beabsichtigt.

Nicht umsonst heißt es im Zen: »Der direkte Zen-Weg zur Befreiung ist kein Weg für kleine Geister.« Denn nur derjenige, der wirklich bereit ist, seine gewohnte Sichtweise hinter sich zu lassen und sich von allen Konzepten zu befreien, ist auch reif zur Transformation in die höchste Bewusstseinsebene der grenzenlosen Befreiung des Geistes.

Wiesbaden, Frühjahr 2015 Zensho W. Kopp

1. Kapitel

Die Suche nach der Wahrheit

Der innere Ruf

Alles, was einen Anfang hat, unterliegt schon allein aus dem Grund, weil es einen Anfang hat, dem Gesetz der Vergänglichkeit, und somit unterliegt das menschliche Leben dem Prozess von Geburt und Tod. Es unterliegt dem fortwährenden Prozess der Wandlung: Entstehen – Vergehen – Entstehen – Vergehen.

Und so fragen wir uns: »Ist das wirklich alles? Irgendwo muss doch da etwas Bleibendes sein.« Und allein schon unser tiefes Verlangen nach Stabilität, nach Geborgenheit und Glückseligkeit, ist ein ständiger innerer Ruf und Hinweis auf das Vorhandensein einer höheren Wirklichkeit.

So beginnen wir zu suchen, ohne zu wissen, was wir eigentlich suchen. Doch das, was wir suchen, ist in Wahrheit nichts anderes als unser wahres, göttliches Selbst. Es ist unsere eigene Wirklichkeit. Wir haben sie nie verloren, sie war und ist immer da. Wir haben sie nur überdeckt mit den Projektionen unseres unterscheidenden, begrifflichen Denkens, so dass wir vergessen haben, wer und was wir eigentlich sind.

Doch »jetzt«, genau »hier«, in »diesem« Augenblick, offenbart sich die Wirklichkeit unseres wahren Seins – nichts könnte näher sein. Wenn wir sie hier nicht finden, dann werden wir sie nirgends finden. Mit den Worten des chinesischen Zen-Meisters Lin-chi aus dem 9. Jahrhundert:

> Nach allen Seiten tretet ihr euch die Füße platt, was sucht ihr denn? Es gibt im Außen keinen Buddha zu suchen.

Das Paradoxe ist, dass die Wahrheit schon immer gegenwärtig und greifbar nah ist, sich aber sofort entzieht, sobald man bewusst nach ihr greift. Die Wirklichkeit unseres wahren Seins befindet sich direkt vor uns, doch sobald wir über sie nachdenken, verfallen wir dem Irrtum.

Wenn wir uns mit dem Verstand die Dinge zurechtlegen, entfernen wir uns immer mehr von der Wirklichkeit, die wir suchen. Denn wir bewegen uns nur innerhalb unserer selbstgezeugten Grenzen der dualistischen Unterscheidung. Auf diese Weise verstricken wir uns immer tiefer in das Rankengewirr unseres unterscheidenden, begrifflichen Denkens – doch Zen erhebt sich über dies alles und ruft uns zu:

> Könntest du dich nur vom begrifflichen Denken frei machen, dann würdest du erkennen, dass es keinen anderen Buddha als jenen in deinem eigenen Geist gibt.

Diese Worte von Zen-Meister Huang-po aus dem 9. Jahrhundert bilden den Kern des wahren, ursprünglichen Zen der alten chinesischen Meister. Erst wenn wir verhindern können, dass unsere Gedanken suchend umherschweifen, sind wir wirklich auf dem Weg zur Befreiung. Denn wenn wir die Wahrheit anhand von Begriffen erfassen wollen, dann begrenzen wir uns selbst und haben die Wirklichkeit verfehlt.

»Alles begriffliche Denken ist eine irrtümliche Meinung«, heißt es im Zen. Wozu also sich mit irgendwelchem intellektuellen Abfall das Hirn vollstopfen? Welcher Nutzen soll darin liegen, wie ein Hund in allen Ecken herumzustöbern und lauter altes Zeug ins Maul zu nehmen? Greifen wir lieber in unseren eigenen Schatz, denn die Wahrheit, die wir suchen, ist uns näher als wir uns selbst.

Es gibt nichts zu suchen, es gibt nichts zu erlangen! Denn es gibt keinen Raum, wo irgendwelche Dinge voneinander entfernt sein könnten, und es gibt keine Zeit, in der irgendetwas noch nicht oder nicht mehr ist. Denn alles ist ein Zugleich, in einem gegenseitigen Durchdringen aller Dinge.

Es ist ein allumfassendes Ganzes, das alles »jetzt-hier« in sich beschlossen hält. Und da alles jetzt-hier ist, wo wollen wir suchen, und was wollen wir suchen? Wenn wir unser wahres, ursprüngliches Wesen erfahren wollen, dann gibt es keinen anderen Weg, als uns »jetzt-hier« darauf einzulassen. Denn wie können wir das, was jetzt hier ist, erfahren, wenn wir im Morgen oder im Übermorgen und im Da und Dort sind?

Stillschweigendes Erkennen

Wenn wir unser wahres Wesen erkennen wollen, dann ist es unbedingt erforderlich, die subjektiven Projektionen unseres eigenen Geistes zu durchschauen und abzulegen. Ebenso ist es erforderlich, dass wir unser ausschließliches Vertrauen auf unser angelerntes Wissen und Verständnis ablegen. Das heißt: Wir müssen unser Vertrauen auf Erkenntnis durch begriffliche Festlegung völlig aufgeben.

Verwandeln wir also unser Verlangen nach verstandesmäßigem Verstehen in ein stilles inneres Erkennen, das von intellektuellen Spekulationen befreit ist. Stellen wir alle religiösen und philosophischen

Glaubenssätze in Frage! Sie sind nichts weiter als Auslegungen des neurotischen Verstandes. Deshalb brauchen wir an kein religiöses Dogma zu glauben. Die alten chinesischen Zen-Meister verwiesen stets mit äußerstem Nachdruck darauf, dass es auf dem Zen-Weg nicht zu erlangen und zu erlernen gibt. Es gibt nichts zu erreichen, und es gibt auch keine heilige Wahrheit zu verwirklichen. Befreien wir uns von allen Konzepten!

Lösen wir uns also vollständig von allen Formen der Begrenzungen und des Erklärbaren! Denn die Wirklichkeit unseres wahren Seins kann niemals zum Gegenstand logischer, verstandesmäßiger Erklärungen gemacht werden. Dies machten die alten chinesischen Zen-Meister ihren Schülern auf ganz besondere Weise klar:

> Einst ging die Kunde durch das Land, dass Zen-Meister Huang-po (9. Jh.) einen großen öffentlichen Vortrag über die Wahrheit des Zen halten wolle und alle Mönche der benachbarten Klöster eingeladen seien. Von überall her kamen die Mönche, von nah und fern. Die große Halle fasste kaum die vielen gespannt wartenden Zuhörer. Dann kam der große Augenblick. Die Glocke wurde geläutet,

> und Zen-Meister Huang-po betrat die Buddha-Halle und nahm auf dem hohen Sitz Platz. Nach einer Weile des Schweigens erhob er seine Stimme und sprach:
> »Der Besitz vieler Arten von Kenntnissen lässt sich nicht mit dem Aufgeben der Suche nach irgendetwas vergleichen. Dies ist das Beste aller Dinge! Es gibt keine verschiedenen Arten von Geist, und es gibt auch keine Lehre, die in Worte gefasst werden kann. Und da nichts weiter zu sagen ist, ist die Versammlung geschlossen!«

Nach diesen eindrucksvollen Worten erhob sich Zen-Meister Huang-po von seinem hohen Sitz und verließ die Buddha-Halle.

2. Kapitel

Die große Vertrauenserweckung

Innere Wandlung

Die Wahrheit, die wir suchen, befindet sich inwendig in uns. Sie liegt aber auch zugleich direkt vor uns und offenbart sich in allen Erscheinungen. Denn alles – Himmel, Sonne, Mond und Sterne, die Erde und alle Wesen – ist der Eine Geist, neben dem nichts anderes existiert. Alles ist der Eine Geist, und die äußere Erscheinungswelt seine Offenbarung. Hierzu die folgende Begebenheit:

> Es kam einmal ein Zen-Mönch zu dem im 9. Jahrhundert lebenden chinesischen Zen-Meister Tsao-shan und fragte ihn: »Was an den Erscheinungen ist wahr?«
> Tsao-shan sagte: »Erscheinung ist Wahrheit, und Wahrheit ist Erscheinung.«
> Der Mönch verstand nicht und fragte weiter: »Und wo offenbart sich das?«

»Hier!«, sagte der Meister und hob das Teebrett in die Höhe.

Alles ist die Wirklichkeit des Einen Geistes. Es gibt nichts Existierendes, das nicht eine Erscheinung der Wirklichkeit ist. Doch wir überblenden sie mit der Vorstellung von Vielheit und Getrenntheit.

Wir werden jedoch keinen inneren Frieden finden, bevor sich uns nicht in unserem Erwachen aus dem Traum einer vermeintlichen, vielheitlichen Welt die letzte Wirklichkeit als der Ursprung und das Ziel allen Lebens offenbart.

Diese Erfahrung unseres wahren, göttlichen Seins wird uns aber nur dann zuteilwerden, wenn wir auch bereit sind, uns von unseren falschen Sichtweisen zu befreien. Das bedeutet, dass wir alle eingefahrenen Verhaltensmuster und Denkmodelle, das heißt uns selbst, loslassen. Denn erst wenn wir uns selbst – das heißt: was wir zu sein glauben – losgelassen haben, können wir Befreiung erlangen. Dann wird sich uns der Friede und die Fülle des göttlichen Seins in der Geisteshaltung der »inneren Losgelöstheit« schenken. Erst dann gelangen wir zu jener Abgeschiedenheit, die weit mehr als nur eine äußere Loslösung darstellt, da sie eine innere Wandlung bewirkt. Der christliche Mystiker Meister Eckhart aus dem 14. Jahrhundert gibt uns folgenden Rat:

> Man soll zuerst »sich selbst« lassen, dann hat man alles gelassen. Fürwahr, ließe ein Mensch ein Königreich oder die ganze Welt, behielte aber sich selbst, so hätte er nichts gelassen. Lässt er aber von sich selbst ab, was er dann auch behält, sei's Reichtum oder was auch immer, so hat er doch alles gelassen.

Ohne unser Vertrauen in die Wirklichkeit des göttlichen Seins werden wir jedoch niemals zu solch einer inneren Loslösung gelangen. Es geht hier aber nicht um ein Pseudo-Vertrauen im Sinne eines oberflächlichen, intellektuellen Für-wahr-Haltens.

Vielmehr handelt es sich hierbei um jenes Vertrauen, welches eine unumstößliche innere Gewissheit der Seele ist. Es ist jene absolute innere Gewissheit, die bestehen bleibt, auch wenn kein fester Glaube im Denken vorhanden ist, selbst dann noch, wenn der Intellekt alles anzweifelt, sich auflehnt und verweigert.

Das Vertrauen des Herzens

Jeder, der sich ernsthaft auf dem geistigen Weg bemüht, kennt auch die Zeiten mehr oder weniger lang anhaltender Enttäuschung, der Dunkelheit und des wankenden Glaubens. Aber zugleich ist da etwas, das uns trägt und weiter besteht trotz aller Zweifel. Es ist jenes Etwas, was uns im Innersten wissen lässt, dass das, dem wir uns zuwandten, dennoch wahr ist. Dieses Vertrauen ist aber nicht das schwankende Vertrauen des Anfängers auf dem geistigen Weg, sondern jenes »große Vertrauen«, das sich erst entwickeln muss.

Wenn man den geistigen Weg lange und ernsthaft gegangen ist, wird dieses unerschütterliche Vertrauen des Herzens unter allen inneren und äußeren Anfechtungen bestehen bleiben. Wenn solch ein Vertrauen dem anzweifelnden Intellekt auch als blindes Vertrauen erscheinen mag, so ist es aber dennoch unendlich weiser als jede im logischen Denken verhaftete menschliche Intelligenz.

Durch dieses große Vertrauen gelangen wir zu jener inneren Loslösung, die uns vom abgrenzenden, anhaftenden Egobewusstsein zur ursprünglichen Identität im wahren Wesen führt. Wir gelangen von einem Zustand der Bewusstseinsverengung zum wahren Zustand des unbegrenzten, überraum-zeitlichen Seins. Indem wir frei werden von uns selbst, werden wir zugleich voll von der Fülle des göttlichen Seins. Dies sagen uns auch die Worte des japanischen Zen-Meisters Dogen Zenji im 13. Jahrhundert:

> Das wahre Selbst wirklich zu verstehen bedeutet, sich selbst zu vergessen; sich selbst vergessen bedeutet: Erleuchtung.

Die großen Meister aller religiösen Traditionen haben immer wieder darauf hingewiesen, dass wir geistig leer werden müssen. Denn jede Form der Identifikation und Anhaftung an die vergängliche Welt der Sinne muss unweigerlich Leiden nach sich ziehen.

Was wir in unserem Leben auch erreichen mögen, sei es Reichtum, Erfolg oder Ansehen, kann uns letztlich keine dauerhafte Zufriedenheit geben. Wir bleiben innerlich unerfüllt und können keinen inneren Frieden finden.

Nur in einer Umkchr nach innen, zur »wahren Quelle« allen Glücks, werden wir den dauerhaften Frieden unseres wahren Selbst erfahren. Doch solange wir noch im Äußeren suchen in der Hoffnung, das wahre Glück zu finden, wird unser Leben in Unzufriedenheit und Enttäuschung enden. Wir können uns drehen und wenden wie wir wollen, es gibt keinen anderen Weg als den der inneren Loslösung von allem. Zu welcher Weltanschauung wir uns auch immer bekennen mögen, es bleibt uns letztlich doch nicht erspart, diesen Weg zu gehen.

3. Kapitel

Die Unmittelbarkeit des Zen

Begrenzte Blickwinkel

Wir Menschen neigen im Allgemeinen dazu, uns etwas vorzumachen und einen Weg der Abkürzung, eine Trostreligion, zu suchen. Wir neigen dazu, an eine heile, unserer eigenen Wunschvorstellung entsprechenden Welt zu glauben, in welcher ein jedes Ding an seinen richtigen Platz kommt, und an einer Gottesvorstellung festzuhalten, die mit der Wirklichkeit nicht übereinstimmt.

Doch alles, was unser unterscheidendes, dualistisches Denken auch immer zu leisten vermag, ist zwangsläufig begrenzt und kann deshalb nur einen oberflächlichen und zeitbedingten Wert haben. Und so ist es mit all den verschiedenen Philosophien und Religionen.

Bei all ihren Aussagen, und mögen sie noch so überzeugend sein, handelt es sich immer nur um begrenzte Blickwinkel in Bezug auf die unaussagbare

Wirklichkeit, aber niemals die Wahrheit selbst. Hierzu eine alte indische Geschichte:

> Fünf Blinde begegnen einem Elefantentreiber, der auf einem Elefanten sitzt. Sie fragen ihn: »Wir sind blind und haben deshalb noch nie einen Elefanten gesehen. Dürfen wir den Elefanten einmal anfassen, damit wir wissen, wie er aussieht?«
>
> »Ja, gerne – macht nur!«, sagt der Elefantentreiber.
>
> Darauf fasst der erste den Rüssel an und sagt: »Oh, das hätte ich nicht gedacht, der Elefant sieht ja aus wie ein dicker Schlauch!«
>
> Der zweite fasst das Ohr an und sagt: »Du irrst dich, der Elefant sieht aus wie ein Fächer!«
>
> Der dritte fasst den Schwanz an und sagt: »Nein, der Elefant sieht aus wie ein dünnes Seil!«
>
> Der vierte fasst das Bein an und sagt: »Vollkommen falsch, denn der Elefant sieht aus wie ein Baumstamm!«
>
> Der fünfte schließlich fasst dem Elefanten an den Bauch und sagt: »Ihr habt alle unrecht. Der Elefant sieht nämlich aus wie eine große Tonne!«

Da sagt der Elefantentreiber: »Keiner von euch hat recht. Jeder hat nur einen Teil des Ganzen erfasst, aber wie der Elefant wirklich aussieht, hat keiner von euch erkannt.«

So sind alle Aussagen der verschiedenen Religionen und Philosophien über die unaussagbare Wirklichkeit zu verstehen.

Nur wenn wir selbst eintauchen in den Ozean der Weisheit, in den grenzenlosen Ozean des Einen Geistes – dann wissen wir, was die Wahrheit ist. Deshalb gibt Zen keine philosophischen Erklärungen ab. Zen sagt: »Wenn du wissen willst, wie Tee schmeckt – dann trinke Tee! Willst du wissen, wie ein Apfel schmeckt? – Dann beiß hinein in den

Apfel! Und du weißt: So ist es.« Das ist reines Zen. Zen ist immer unmittelbar und direkt. Stets weist es mit äußerstem Nachdruck auf das eigene Herz, ohne sich in das Rankengewirr von Konventionen und Begriffen zu verstricken. Es ist frei, und ohne diese Freiheit verliert es seine Spontaneität und Frische und ist nur noch eine tote, leere Hülle ohne Leben.

Vergänglichkeit

Zen verweist stets auf die reine, nackte Wahrheit. Es hält sich nicht auf mit äußerlichem, schöngeistigem Geplänkel oder mit irgendwelchen gehirnakrobatischen Spekulationen.

Erst wenn wir wirklich bereit sind, alles weit hinter uns zu lassen, was die Sinne und der Verstand zu erfassen vermögen, wird sich uns die absolute Wirklichkeit jenseits alles Wandelbaren und Nennbaren offenbaren.

Solange wir jedoch zu diesem entscheidenden Schritt nicht bereit sind, leben wir in einem Zustand gleichgültiger Unbewusstheit und stupider Routine. Wir sind gebunden durch uns selbst und bleiben so in unserer Wahnvorstellung einer stabilen und heilen Welt gefangen.

Dieser Zustand dauert so lange an, bis die schmerzliche Erfahrung von Leid oder Enttäuschung endlich ihren Zweck erreicht und in uns das Verlangen nach Befreiung wach wird. Dies ist der Augenblick, wo wir erkennen, dass wir uns an einem Trugbild festgeklammert haben – wir können uns mit unserem Leben nicht mehr zufriedengeben.

Wir müssen den rettenden Weg zur Befreiung gehen. Mit den Worten von Zen-Meister Yung-chia aus dem 8. Jahrhundert:

> Die Sache von Leben und Tod ist gewaltig und die Vergänglichkeit packt schnell zu. Wie kann man sich da noch mit Nebensächlichkeiten aufhalten?

Jeder einzelne Augenblick, den wir erleben, ist ein göttliches Geschenk und eine einmalige Gelegenheit zur Verwirklichung, denn niemand weiß, ob er noch fähig sein wird, den nächsten Atemzug zu tun.

Der todbringende Dämon der Vergänglichkeit kann augenblicklich da sein und all unsere Hoffnungen zunichtemachen.

Egal, ob wir an Samsara, den Kreislauf von Geburt und Tod, glauben oder nicht – wir befinden uns darin.

Egal, ob wir an Karma, das Gesetz von Ursache und Wirkung, glauben oder nicht – wir sind ihm unterworfen.

Egal, ob wir bereit sind, uns der spirituellen Praxis zu widmen oder nicht – der Tod wird auf jeden Fall zu uns kommen, ob wir nun darauf vorbereitet sind oder nicht.

Deshalb sollten wir unbedingt erkennen, dass es äußerst dringlich ist, uns jetzt auf den spirituellen Weg einzulassen. Sonst wird unser Tod nur der jämmerliche Abschluss eines sinnlos vergeudeten Lebens sein. Deshalb spricht Zen-Meister Lin-chi (9. Jh.) die mahnenden Worte:

> Es ist keine Zeit zu verschwenden. Verführt euch nicht selbst zu schweren Verwirrungen, indem ihr zwanghaft in der Außenwelt herumstöbert, anstatt in euch selbst zu suchen.

Und Zen-Meister Pai-chang aus dem 9. Jahrhundert gibt uns den guten Rat:

> Falls du dich davor fürchtest, im Moment des Todes vor Angst verrückt zu werden und die Freiheit nicht erlangen zu können, dann solltest du zuerst einmal jetzt, in diesem Augenblick, frei sein. Dann wird alles gutgehen.

4. Kapitel

Das Wirken des Einen Geistes

Berührtwerden vom Ewigen

Vollkommenes Loslassen bedeutet im Zen eine Loslösung vom verselbstständigten Denkzwang, ohne das Denken gewaltsam zu unterdrücken oder anhalten zu wollen. Also ein Vergessen unser Selbst und aller Dinge. Im Zen spricht man häufig von »Ohne-Denken-Sein« oder »Nicht-Gedankenhaftigkeit« – im Chinesischen »Wu-nien« genannt.

Dies darf aber auf keinen Fall psychologisch interpretiert werden, sondern es geschieht auf einer spirituellen Ebene, wo keine Spuren des begrifflichen, analytischen Denkens mehr vorhanden sind. Es ist jene Ebene, auf der sich alle menschliche Aktivität zugunsten des Wirkens der absoluten Wirklichkeit zurücknimmt.

Dieses Wirken des Einen Geistes kann aber nicht durch irgendwelche künstlichen Meditationstechniken erzwungen werden. Die mystische Erfahrung des Berührt- und Erfülltseins vom Göttlichen ist stets außerhalb der Verfügungsgewalt des Menschen und nicht beliebig machbar.

Wer glaubt, er müsse nur irgendwelche bestimmte spirituelle Praktiken anwenden, mit denen er dann ganz automatisch ans Ziel seines geistigen Strebens gelangt, unterliegt einem gewaltigen Trugschluss. Die großen erleuchteten Mystiker, als die Kenner des geistigen Weges, haben stets auf diesen Irrtum eines »spirituellen Materialismus« hingewiesen.

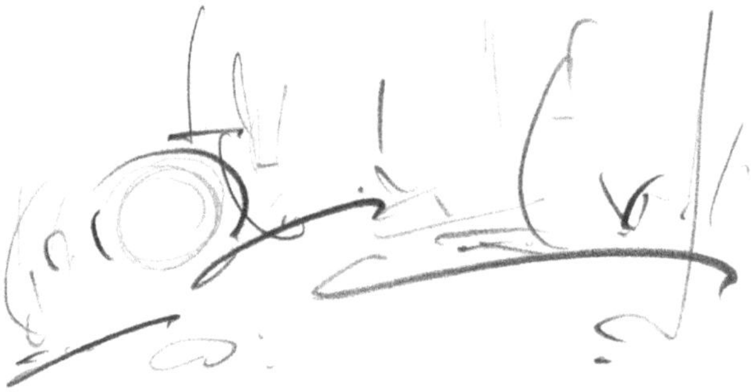

Alle heiligen Schriften verkünden, dass Erleuchtung nur durch das Wirken des Einen Geistes geschehen kann. So lesen wir auch in den Upanishaden – den heiligen Schriften der Inder:

> Nur wen Er erwählt, von dem wird Er erkannt,
> ihm macht der Atman offenbar sein Wesen.

Manch einer mag sich jetzt vielleicht fragen: »Ist der Allgeist parteiisch, dass er dem einen seine Gnade schenkt und einen anderen davon ausschließt? Und überhaupt, wozu sollte ich mich anstrengen auf dem spirituellen Weg, wenn sowieso alles nur von der Willkür der göttlichen Gnade abhängt?«

Die meisten Menschen stellen sich, wenn sie an göttliche Gnade denken, ein persönliches Wesen mit menschlichen Eigenschaften vor. Andere, die an eine unpersönliche letzte Wirklichkeit glauben, werden sich fragen, wie – in der Sprache des Buddhismus – die »unpersönliche Leere« Gnade spenden könne. Denn viele stellen sich die attributlose letzte Wirklichkeit wie eine leblose Abstraktion, wie einen schöpferischen Mechanismus ähnlich einem Automaten vor.

Hingabe an das Ewige

In Wirklichkeit ist der Eine Geist jedoch absolutes Bewusstsein. Er ist das absolute Sein – jenseits von persönlich und unpersönlich – und somit ist er »überpersönlich«. Da er frei ist von den Begrenzungen von Raum und Zeit, lässt er sich durch kein raum-zeitlich begrenztes, menschliches Bewusstsein erfassen.

Im Vertrauen auf unser beschränktes, raum-zeitlich gebundenes Bewusstsein liegt aber der Grund, dass die Gnade nicht in uns wirken kann. Denn diese Aufrechterhaltung des Ich-Wahns hindert uns am Leerwerden zur Fülle des göttlichen Seins hin, und somit verhindert sie das Wirken des Einen Geistes.

Je mehr wir jedoch bereit sind, uns dem Absoluten hinzugeben, umso mehr wird uns die Gnade als das Wirken des »über-raumzeitlichen Seins« zuteilwerden. Und je mehr sie in uns wirkt, umso mehr werden wir zu immer größerer und stärkerer Hingabe fähig sein.

Hingabe an das Ewige ist aber ein Sich-Öffnen und »Transparentwerden zur Transzendenz«. Es ist ein Loslassen und Leerwerden als ein Zulassen und somit Erfülltwerden von etwas ganz anderem.

Wer aus Liebe zum Ewigen das kleine, raum-zeitliche Leben loslässt, der lässt damit zugleich das große, über-raum-zeitliche Leben zu, das auf ihn wartet. In dieser inneren Abgeschiedenheit wird die Wirklichkeit unseres wahren Selbst, die in unserem Allerinnersten verborgen anwesend ist, dann zur lebendigen, inneren Erfahrung. Mit den Worten Meister Eckharts aus dem 14. Jahrhundert:

> Die unbewegliche Abgeschiedenheit bringt den Menschen in die große Gleichheit mit Gott. Sie zieht den Menschen in die Lauterkeit und Einfältigkeit und von der Einfältigkeit in die Unwandelbarkeit.
> Dies bringt eine Gleichheit zwischen Gott und dem Menschen hervor. Diese Gleichheit aber muss in Gnade entstehen, denn die Gnade zieht den Menschen von allen zeitlichen Dingen weg.

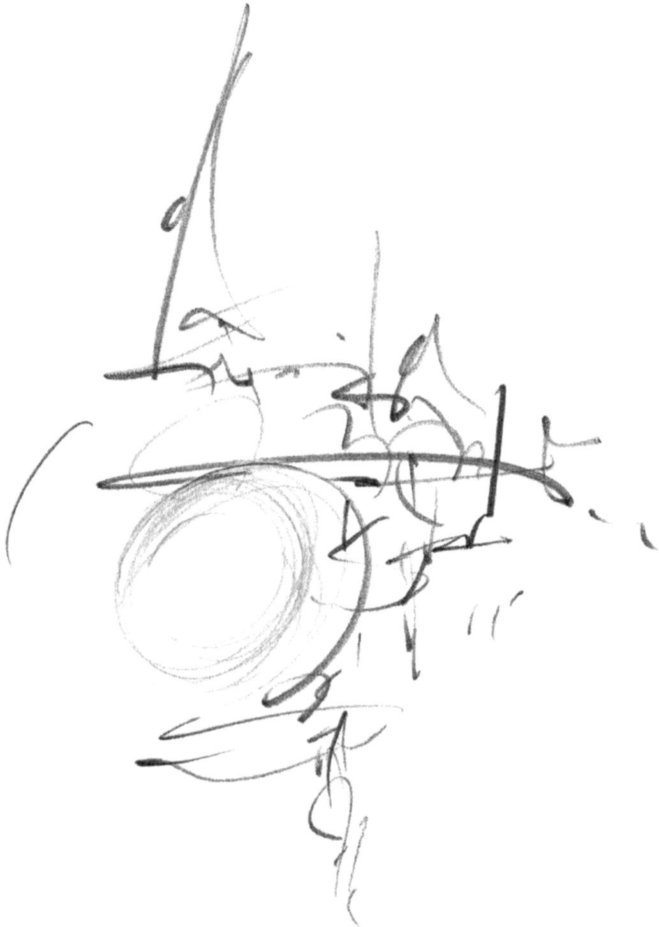

5. Kapitel

Das Aufgeben aller Täuschungen

Keine Lehren

Es gibt keinerlei Lehre zu studieren. Dies ist die wesentliche Grundvoraussetzung zum Verständnis der Wahrheit des Zen. Alle künstlichen Methoden und Lehren sind in den Augen des Zen nichts weiter als ein Gaukelspiel – Luftblasen im leeren Raum. Es gibt nichts zu erreichen, und es gibt auch keine heilige Wahrheit zu verwirklichen. Denn schon die leiseste Vorstellung, dass irgendetwas erlangt werden kann, ist auch schon wieder Täuschung.

Solange wir noch auf äußere Lehren und geborgte Glaubenssätze vertrauen, sind wir von der Wirklichkeit unseres wahren Seins noch weit entfernt. Wir sind gebunden durch die Wahnvorstellungen des unterscheidenden, begrifflichen Denkens und haben uns selbst begrenzt.

Jede festgelegte Lehre ist eine Gefahr für den freien Geist. Alle diese Lehren sind gefährlich, wenn sie zu

Dogmen werden und den Geist fesseln. Hinzu kommt, dass wir in der Beschäftigung mit allen möglichen Lehren und künstlichen Methoden nur unsere kostbare Zeit verschwenden und unsere geistige Energie vergeuden.

Es gibt nichts zu lernen, es gibt nichts zu erlangen. Dies ist ein wesentlicher Grundsatz des Zen. Wer glaubt, es gäbe auf dem Weg des Zen irgendetwas zu suchen, ist wie ein Blinder, der in einem dunklen Raum eine schwarze Katze sucht, die nicht vorhanden ist. Die alten chinesischen Meister verwiesen deshalb mit äußerstem Nachdruck darauf, dass es auf dem Zen-Weg nichts zu erlangen gibt. So sagt auch Zen-Meister Huang-po:

> Die vielen Methoden, die den vielen Formen der Täuschung entgegenwirken sollen, sind nur Redewendungen, die die Menschen zum Tor der Befreiung hinziehen sollen. In Wirklichkeit hat keine von ihnen wahren Bestand. Alles aufzugeben ist die höchste Wahrheit. Wer dies tut, ist ein Buddha. Das Aufgeben aller Täuschungen aber lässt keine Lehre zurück, auf die man sich stützen kann.

Wahres Lernen im Geiste des Zen ist somit, dass wir lernen, dass es nichts zu lernen und zu suchen gibt. Denn wo nichts gesucht wird, ist der ungeborene Geist gegenwärtig. Er ist auch stets gegenwärtig, während wir ihn suchen. Aber gerade durch dieses unser Suchen und wiederkäuendes Grübeln verdunkeln wir ihn mit den dunklen Wolken des unterscheidenden Nichtwissens.

Grenzenlose Befreiung

Solange wir noch suchen und dem Irrtum unterliegen, es gäbe irgendetwas zu finden, und sei es auch nur so groß wie ein Staubkorn, fallen wir schon in den Bereich der Dualität. Wir fallen in den Bereich der Bejahung und Verneinung, in die Unterscheidung von Richtig und Falsch, und verstricken uns immer mehr im Samsara, dem Kreislauf von Geburt und Tod.

Diese dualistische Geisteshaltung ist die eigentliche Ursache für unsere Bindung an den Samsara. Sie bringt alles gewohnheitsgeprägte Denken und Handeln hervor und erhält alle trügerischen Vorstellungen am Leben.

Doch erst wenn der Geist vom Rankengewirr des unterscheidenden, begrifflichen Denkens gereinigt ist, wird sich das leuchtende Strahlen des unbefleckten Einen Geistes offenbaren. In dieser grenzenlosen Befreiung bleibt nichts mehr zu tun. Es gibt keine besondere religiöse Praxis mehr zu vollziehen. Es gibt nichts mehr, auf das man sich stützen könnte, allein schon aus dem Grund, weil wir uns dann auf nichts mehr zu stützen brauchen – wir brauchen keine Krücken mehr.

»Steh auf, nimm dein Bett und wandle!«, sagt Jesus zu dem Gelähmten. Der Gelähmte ist derjenige, der seine Wirklichkeit verloren hat, der nicht mehr weiß, wer er ist. In seiner Erdgebundenheit, durch die Identifikation mit dem Raum-Zeitlichen, kann er sich nicht von der Anziehungskraft des Irdischen lösen. Er liegt auf der Erde und kann sich nicht mehr erheben. Und da ergeht an ihn der Ruf: »Steh auf, nimm dein Bett und wandle!«

Dies ist das Aufgeben aller Täuschungen, das ist die vollkommene Befreiung. Auf diese Weise erheben wir uns über alle unsere Konditionierungen und somit über die Identifikation mit dem Erinnerungsgeflecht unserer toten Vergangenheit.

Wenn wir zu dieser Klarsicht gelangen und den Mut haben, alles so sein zu lassen, wie es ist, wird die Wirklichkeit dessen, was wir in Wahrheit sind, aufstrahlen. Wir waren gelähmt und können wieder gehen. Wir waren blind, und uns sind die Augen geöffnet. Wir werden das ganze Universum überschreiten und frei sein von Geburt und Tod.

6. Kapitel

Die Weisheit des Loslassens

Nicht-Tun

Auf dem Weg des Zen geht es vor allem darum, uns von allen unseren falschen Sichtweisen zu befreien. Also liegt es nahe, dass wir denken: »Gut, dann werde ich mich bemühen loszulassen.«

Solch ein gemachtes Loslassen ist aber nicht das wahre Loslassen im Geiste des Zen. Denn es entspricht nicht der Geisteshaltung des Wu-wei, des »Nicht-Tuns«, und des Wu-nien, des »Nicht-Denkens«. Es ist vielmehr nur ein Loslassen-Wollen und somit eine Aktivität des Egos. Dieses Wollen verursacht aber innere Spannung, denn Spannung ist immer gehemmtes Wollen.

Anhaften kann demzufolge nicht durch seine entgegengesetzte Entsprechung, durch das Loslassen, »das man tut«, gelöst werden. Denn alle Gegensätze, Sein und Nichtsein, Leben und Tod, Richtig und Falsch, gehören zum dualistischen Bereich des Nichtwissens.

Um dies klar herauszustellen, hören wir hier von der Begegnung eines Zen-Mönchs mit dem chinesischen Zen-Meister Joshu im 9. Jahrhundert.

> Ein Mönch kommt zu Zen-Meister Joshu und sagt: »Schau Meister, ich habe alles losgelassen. Was sagst du dazu?«
> Zur näheren Verdeutlichung wedelt er demonstrativ mit den weiten Ärmeln. Der hochbetagte Meister Joshu schaut sich den Zen-Mönch gelangweilt an und sagt: »Na ja, dann wirf es doch weg!«
> Der Mönch, sichtlich verwirrt über Joshus Antwort, denkt, der Meister habe ihn wegen seines hohen Alters nicht richtig verstanden, und sagt: »Aber Meister, ich habe euch doch eben gesagt, dass ich alles losgelassen habe. Was soll ich da noch wegwerfen?«
> Und Joshu erwidert: »Nun, wenn dem so ist, dann musst du es halt weitertragen!«

Diese Antwort eines der bedeutendsten Meister in der Geschichte des Zen hat die Schärfe eines Samurai-Schwertes. Doch der Mönch hatte sich zu stark an seiner Vorstellung des Losgelassen-Habens festgeklammert. Deshalb konnte ihn Joshus

Schwerthieb leider nicht zur Einsicht bringen und zum wahren Leben erwecken. Um zum Loslassen des Zen zu gelangen, müssen wir alle Anhaftungen entschlossen abschneiden. Lassen wir alles los, was es auch sei – »MU« – »Nichts!« in der Sprache des Zen. Das MU ist das Nichts in Bezug auf Raum und Zeit und somit das Nichts in Bezug auf jeden Bewusstseinsinhalt. Dieses MU ist das Jetzt – und das Jetzt ist die Ewigkeit. Dies gilt es zu erkennen und sich ganz darauf einzulassen!

Dann wird unser Geist vollkommen frei sein, auch wenn er sich innerhalb von Leben und Tod bewegt. In der Sprache der Upanishaden, der heiligen Schriften der Inder:

> Wer die ewige Wahrheit schaut, der sieht nicht Tod, nicht Krankheit und nicht Leid. In allem sieht er eines nur: das wahre Selbst, und alles ist sein Eigen.

Der lachende Buddha

In diesem Bewusstseinszustand von wundervoller Klarheit lassen wir uns nicht mehr ein auf leere Phantasien und die Eitelkeiten materieller Leidenschaften. Befreit von dem Gebundensein an die Welt der Sinne kann nichts mehr uns täuschen. Ungebunden leben wir inmitten der Welt und gehen durch Geburt und Tod in völliger Freiheit. Wir kommen und gehen, wie es uns gefällt, und sind vollkommen frei und unabhängig.

In der chinesischen Zen-Malerei begegnen wir oft »Hotei«, dem »Lachenden Buddha«, wie er im Zen genannt wird. Hotei wird meistens dargestellt als ein kleiner, kahlköpfiger, dicker Mann mit einem großen Sack über der Schulter und mit einem breiten Lachen über das ganze Gesicht. Dieser lachende Buddha steht im Zen für den vollkommen befreiten Menschen, der alle Begrenzungen gesprengt und die Welt überstiegen hat.

Hotei lebte im 8. Jahrhundert in der Zeit der Tang-Dynastie, der Hochblüte des Zen-Buddhismus in China. Er war ein Zen-Meister von höchster geistiger Verwirklichung, doch hatte er nicht das geringste Verlangen, in einem Kloster zu leben und Schüler zu unterweisen. Er zog lieber mit einem Sack auf der Schulter durch die Dörfer und verteilte Süßigkeiten an die Kinder.

Hotei lebte das freie Leben eines Zen-Clochards, ungebunden, unabhängig. Wie der Wind in den Bäumen und der Mond im Wasser lebte er sein

Leben in absoluter Freiheit und Harmonie mit dem allumfassenden Ganzen.

> Eines Tages begegnete Hotei einem Zen-Mönch, und dieser fragte ihn: »Was ist das Geheimnis des Zen?«
> Hotei ließ sofort als stumme Antwort seinen Sack, den er auf dem Rücken trug, zu Boden fallen und breitete die Arme aus.
> »Dann sage mir«, fragte der Mönch, »worin besteht die Verwirklichung des Zen?«
> Sofort ergriff der »Lachende Buddha« seinen Sack, warf ihn sich über die Schulter und ging laut lachend seines Weges, ohne sich noch einmal umzuschauen.

Die Freiheit und Heiterkeit des Geistes ist der natürliche Zustand unseres wahren Seins. Machen wir einfach nur unseren Geist frei von allem, was es auch sei. Wenn wir mit allem so umgehen, wie es sich gerade ergibt, dann werden wir mit allem in vollkommener Übereinstimmung sein.

7. Kapitel

Der ursprüngliche Zustand des Geistes

Allumfassende Ganzheit

Der ursprüngliche Zustand unseres Geistes ist die Wirklichkeit hinter allen Erfahrungen. Es ist der Eine Geist, neben dem nichts anderes existiert und der ganz und gar unberührt bleibt von allem Wandel und Tod. Der Eine Geist und der eigene Geist sind in ihrer Essenz ein und die gleiche Wirklichkeit. Die Natur des eigenen Geistes zu erkennen bedeutet demzufolge – die Natur der allumfassenden Ganzheit des Seins zu erkennen.

Der Eine Geist ist wie eine Kinoleinwand hinter allen Bildern, Bewegungen, Farben und Formen eines Films. Wenn man im Erlebnis des mystischen Todes mit diesem unbeteiligten Zuschauer aller Erfahrungen geeint wird, erlebt man den ursprünglichen Zustand des Geistes. In dieser Erfahrung von

Leerheit – weit und offen wie der Himmel – offenbart sich die grenzenlose Weite des Einen Geistes. Der Geist, der sich selbst begrenzte und mit dieser Begrenzung identifiziert hatte, weitet sich ins Grenzenlose und erfährt sich als ungeboren und todlos.

Diese Befreiung können wir jedoch nicht willentlich machen. Doch wenn wir in den unmittelbaren Augenblick des Jetzt versinken, dann gelangen wir zu einem Vergessen unserer selbst und aller Dinge. Das bedeutet: Wir befinden uns jenseits von Raum und Zeit – jenseits der Vorstellung von Vergangenheit und Zukunft, die nichts weiter als leere Gedanken sind. Unser Erleben von Vergangenheit, Gegenwart und Zukunft ist so flüchtig wie ein Blatt, das vom

Herbstwind am Fenster unseres Bewusstseins vorbeigeweht wird. Raum und Zeit bilden die Grundlagen unseres Welterlebens.

Doch ein einziger Augenblick der unmittelbaren Gegenwärtigkeit reiner Bewusstheit, und wir befinden uns im absoluten »Jetzt«, und der Spuk von »Raum-Zeit-Illusion« löst sich auf. Hier gibt es kein Ich und kein Du, kein Kommen und kein Gehen. Hier ist nur das absolute »Jetzt«. Dieses Jetzt hat kein Zuvor und kein Danach, und somit ist es die Ewigkeit.

Es ist die Wirklichkeit des göttlichen Seins, von der Meister Eckhart sagt: »Gott ist das absolute ›Nun‹.« Wir brauchen es nirgends zu suchen, wir brauchen nirgendwo hinzugehen. Wo wollen wir die Wirklichkeit unseres wahren Seins, die wir selbst sind und die weder mit der Geburt beginnt noch mit dem Tod vergeht, suchen? Wo wollen wir »das göttliche Licht« finden, »das in der Finsternis leuchtet«, wie es heißt im Prolog des Johannes-Evangeliums – wo wollen wir es finden, außer in uns selbst?

Doch ein Gedanke und noch ein weiterer Gedanke, und schon erheben sich die abertausend Gefühle und Vorstellungen. Dies alles überdeckt den wahren Zustand des Geistes, so dass wir das Licht, das in der Finsternis leuchtet, nicht erkennen können.

Das Licht unseres wahren Seins

Dieses Licht – unser wahres Sein – können wir nicht mittels des intellektuellen Erkenntnisvermögens wahrnehmen. Das wäre genauso, als wollten wir bei strahlendem Sonnenschein auf einem großen Platz eine brennende Kerze suchen. Vollkommen dunkel muss es sein. »MU« – Nichts! Nicht-Wollen, Nicht-Denken. Endlich den Mut haben, die Dinge so zu lassen, wie sie sind. Das ist das große Vertrauen, das es zu verwirklichen gilt.

Wenn wir wirklich Befreiung erlangen wollen, dann müssen wir uns frei machen von jeder Anhaftung. Wenn das Leben kommt und sich uns offenbart, dann nehmen wir es an, so wie es ist. Wenn der Tod kommt, dann nehmen wir den Tod an. Dann ist alles ganz einfach.

Dieses Leben und dieser Tod sind Leben und Tod Buddhas. Lassen wir alles vollkommen los, was es auch sei – »MU« – Nichts! Das MU ist das Nichts in Bezug auf Kommen und Gehen von Raum und Zeit. Somit ist es das Nichts in Bezug auf jeden Bewusstseinsinhalt, welcher Art auch immer.

Es ist äußerst wichtig, dass wir dieses große Vertrauen in uns erwecken. Dies geschieht dadurch, dass wir nicht auf uns selbst, auf unsere intellektuellen Möglichkeiten bauen, sondern im Wu-nien, im »Nicht-Denken« verweilen. Hierdurch werden wir leer zur Fülle des göttlichen Seins hin, so dass das Tao in uns und durch uns hindurch wirken kann. Mit den Worten Meister Eckharts:

> Gott wirkt, und ich werde.

Wir können nichts erzwingen – allein schon deshalb, weil es nichts zu erreichen gibt. Sobald wir glauben, es gäbe irgendetwas zu erlangen, es gäbe irgendein Ziel zu erreichen, befinden wir uns in der Hölle der Dämonen des unterscheidenden Denkens.

Diese Dämonen sind jedoch nichts anderes als unsere eigenen Projektionen, weil wir einer Wunschvorstellung nachjagen, die nur in unserem Kopf existiert.

Doch »Jetzt« ist alles da! Uns fehlt überhaupt nichts – nicht das Geringste. Wir sind »absolutes Sein, grenzenloses Bewusstsein und ewige Glückseligkeit«, und alles andere sind nur Schäume, Träume und Schatten ohne jede Wirklichkeit.

8. Kapitel

Die nicht-unterscheidende Klarschau

Annehmen und Verwerfen

Überall, wo es auch sei, ist die Wirklichkeit, die wir suchen. »Alles ist erfüllt von der Fülle Gottes.« In allem offenbart sich die Herrlichkeit des göttlichen Seins. Wenn wir sie nicht »jetzt-hier«, mitten im täglichen Leben, finden, dann finden wir sie auch nicht in einem buddhistischen Tempel, einer Kirche oder an sonst einem besonderen »heiligen« Ort.

Dann ist das auch nur ein Gaukelspiel unseres konditionierten, unterscheidenden Denkens und wir machen uns nur selbst etwas vor. Deshalb sagt Zen-Meister Lin-chi:

> Wenn du das Heilige liebst und das Gewöhnliche verachtest, dümpelst du immer noch auf dem Meer der Verblendung.

Wir müssen beides übersteigen, das Profane und das Sakrale! Befreien wir uns deshalb von allen unseren dualistischen Sichtweisen.

Das ist die wahre »Nicht-Unterscheidung«. Weder annehmen noch verwerfen. Deshalb heißt es im Zen auch: »Ihr seid noch nicht aus der Familie ausgetreten!« Mit anderen Worten: Ihr seid noch nicht herausgetreten aus euren Konditionierungen, das heißt: aus euren Verhaltensmustern und Denkmodellen. Ihr seid noch gefangen in euren ganzen Schablonen und Fixierungen, ihr steht noch nicht in der wolkenlosen Klarheit des Geistes.

Erst wenn wir frei sind von Begehren und Ablehnung, das heißt von Annehmen und Verwerfen, dann offenbart sich uns die höchste Wahrheit klar und unendlich. Sie offenbart sich, wenn wir nicht mehr in der Wahl der Unterscheidung zwischen zweierlei stehen.

Yin und Yang gehören zusammen und ergänzen sich. Wir können nicht das eine haben ohne das andere. Das wäre genauso, als wollten wir elektrischen Strom haben ohne Minuspol, nur durch den Pluspol. Oder als wollten wir, dass nur noch die Sonne scheint und es nie mehr regnet.

Alles ist die eine Wirklichkeit, sei es ein herrlicher Schmetterling, sei es eine wunderschöne Blume oder sei es ein stinkender Misthaufen. Dazu die folgende Zen-Begegnung:

> Ein Schüler des Zen fragte den chinesischen Zen-Meister Yün-men im 10. Jahrhundert: »Wer ist der Buddha aller Buddhas der Vergangenheit, Gegenwart und Zukunft?«
> Darauf antwortete der Meister: »Ein Holzstock mit Kot beschmiert.«

Warum unterscheiden? Es ist alles das Eine, denn alles ist ein allumfassendes Ganzes, das alles in sich beschlossen hält. Wir können nichts herausnehmen. Selbst wenn man im Labor ein Atom spaltet, ist dies nur eine Umwandlung in eine andere Form von Energie. Wir können nichts zunichtemachen, nichts verschwinden lassen, nichts auflösen. Alles lässt sich nur umwandeln, denn es unterliegt dem universellen Gesetz der Wandlung.

Harmonischer Wandel

In allem offenbart sich der harmonische Wandel des Tao. Es ist das schöpferische Urprinzip, das aus sich heraus in nie endender Fülle alle Dinge gebiert, erhält und wieder auflöst.

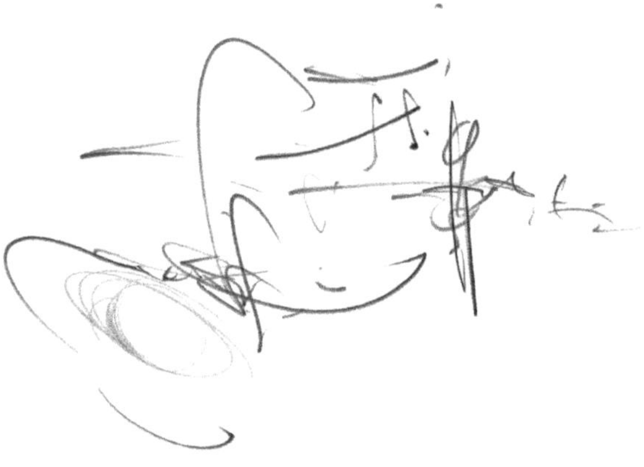

So ist es der Urgrund allen Seins, anfanglos und ewig. Es ist das Absolute, das höchste Transzendente, die eine aus sich selbst seiende Wirklichkeit, aus der das Universum entspringt. Im Zen geht es darum, mit dieser allumfassenden Wandlung des Einen im Einklang zu sein. Fließen wir mit, mit dem ewigen Wandel des Tao, stellen wir uns nicht dagegen, und wir sind im Einklang mit der Wirklichkeit. Also, machen wir keine Unterscheidung, denn alles ist gut, so wie es ist.

Sicher, es ist nicht leicht, diese Wahrheit anzunehmen, aber letztlich bleibt uns keine andere Möglichkeit, als sie zu akzeptieren. Nicht in pessimistischer Resignation, sondern aus innerer Einsicht. Wir können die Welt nicht verändern – aber uns selbst. Wir können die Welt erleben als ein wunderbares Paradies oder auch als eine furchtbare Hölle – es liegt ganz bei uns selbst. Hören wir hierzu von der Begegnung zwischen Zen-Meister Hakuin aus dem 18. Jahrhundert und einem Samurai:

> Ein Samurai kommt zu Zen-Meister Hakuin und sagt: »Schon lange beschäftigt mich die Frage um Himmel und Hölle. Deshalb möchte ich Euch fragen, gibt es wirklich ein Paradies und eine Hölle?«
> Hakuin sagt: »Wer bist du denn überhaupt, dass du einfach so daherkommst und mir so eine dämliche Frage stellst?«

»Seht Ihr das denn nicht? Ich bin ein Samurai der kaiserlichen Garde!«, antwortet der Samurai voller Stolz.

Hakuin fängt an zu lachen und sagt: »Unmöglich, so eine jämmerliche Gestalt wie dich würde unser Kaiser niemals einstellen. Du siehst ja aus wie ein armseliger Bettler.« Der Samurai greift wutentbrannt zum Schwert und reißt es heraus.

Hakuin erhebt die Hand und sagt: »Soeben öffnet sich das Tor zur Hölle.«

Wie vom Blitz getroffen bleibt der Samurai stehen, steckt das Schwert wieder zurück und verbeugt sich.

Und Hakuin sagt: »Soeben öffnet sich das Tor zum Paradies.«

Wir projizieren es selbst, dieses ganze Weltentheater, diese ganze Traumwelt, so wie wir sie erleben. Es ist alles nichts anderes als verselbstständigte Projektionen unseres Bewusstseins.

Darum ist es sehr wichtig, dass wir zu einem ständigen Gewahrsein des Geistes und zur nicht-unterscheidenden Klarschau mitten im Leben gelangen. Das heißt: dass wir mitten in der Aktivität, überall, wo es auch sei, die trügerische Natur aller Erscheinungen durchschauen, so dass wir alle Erscheinungen als »leer« erkennen.

Wenn wir alle Erscheinungen als leer erkennen, dann können wir uns jeden Tag in der gewöhnlichen Welt aufhalten und trotzdem vollkommen unabhängig sein. Haben wir diese Verwirklichung erlangt, dann sind wir frei wie der Wind in den Bäumen und der Vogel in der Luft. Als Herr jeder Lage werden wir eins mit all den verschiedenen Umständen. Ohne Hindernisse und Begrenzungen sind wir weit und offen wie der grenzenlose Raum und leben mitten in der Welt in vollkommener Freiheit.

9. Kapitel

Weder Sein noch Nichtsein

Gegensätzlichkeit

Alles ist der Eine Geist, neben dem nichts anderes existiert. Er ist das reine Sein an sich, ohne Abhängigkeit von etwas Vorausgegangenem, und somit hat er das Sein aus sich selbst. Als die alleinige Wirklichkeit ist er das Absolute, er ist das So-Sein aller Dinge. Da der Eine Geist jenseits aller Gegensätze ist, ist er weder dies noch das, denn er gehört nicht zu jener Kategorie von Dingen, die existieren oder nicht existieren. Durch die ihm inhärente Unaussagbarkeit ist es uns somit nicht möglich, ihn näher zu bestimmen.

Die westliche Philosophie sagt: »Sein oder Nichtsein, das ist hier die Frage!« Doch die nicht-dualistische Sichtweise des Zen ist vollkommen entgegengesetzt. So lesen wir im Bi-yän-lu, der Niederschrift von der Smaragdenen Felswand, einer der grundlegenden Schriften des Zen aus dem 12. Jahrhundert:

> Wer über Sein oder Nichtsein nachdenkt,
> verliert Leib und Leben!

Wenn wir sagen, der Eine Geist ist weder seiend noch nichtseiend, dann heißt das, dass er jenseits aller Gegensätzlichkeit ist. Doch sowie eine Benennung da ist, nur ein einziger Begriff, wenn nur ein einziger Gedanke sich erhebt, dann erhebt sich auch ein zweiter, und wir befinden uns im Bereich der Gegensätze.

Dies wusste Zen-Meister Tokusan im 9. Jahrhundert seinen Schülern auf seine ganz besondere Weise darzulegen:

> Einst kam Zen-Meister Tokusan in die Mönchshalle, hielt einen Stock hoch und sagte: »Wenn ihr ein Wort zu sagen habt, werde ich euch dreißig Stockhiebe geben. Doch wenn ihr kein Wort zu sagen habt, werdet ihr ebenfalls dreißig Stockhiebe kreuz und quer über eure Schädel bekommen.«

In dem Augenblick, wenn eine Sache begrifflich fixiert wird, erhebt sich schon die entgegengesetzte Entsprechung von selbst. Deshalb sagt Lao-tse, der Urvater des Taoismus im 6. Jahrhundert vor Christus:

Wenn jeder weiß, das Schöne ist schön,
schon ist das Hässliche da.
Wenn jeder weiß, das Gute ist gut,
schon ist das Böse da.

Gut und Böse, Ja und Nein, Richtig und Falsch, das sind alles Erscheinungsweisen des unterscheidenden, begrifflichen Denkens. Dieses unterscheidende Verstandesbewusstsein bildet die Grundlage unserer Erfahrung. Es projiziert alle möglichen Vorstellungen und definiert die Wirklichkeit auf der Grundlage relativer Gegensätze.

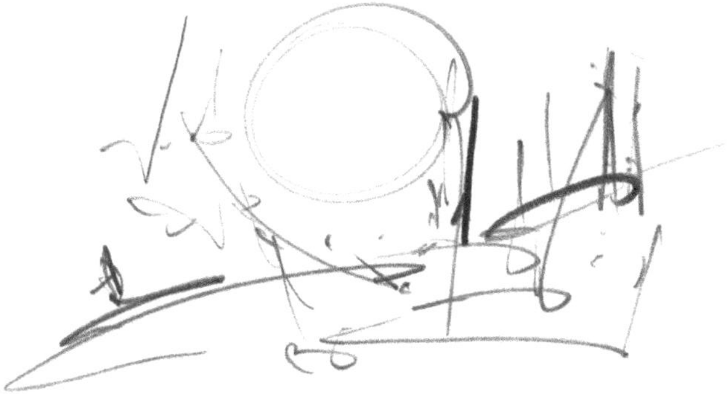

Doch hinter diesem ganzen Gaukelspiel eines projizierenden Bewusstseins befindet sich unser wahres Selbst. Es ist wie ein klarer Spiegel, auf dessen

Oberfläche alle Projektionen stattfinden. Jedoch das Selbst bleibt von allem, was auch geschieht, vollkommen unberührt. Die meisten Menschen sind in ihrer konditionierten Sichtweise jedoch so mit ihrem projizierenden Bewusstsein identifiziert, dass sie sich als den Denker ihrer Gedanken sehen. Doch das ist eine vollkommen falsche Betrachtungsweise! Denn der Denker ist nichts anderes als die Summe der Gedanken.

Es gibt keinen individuellen, für sich bestehenden Denker getrennt vom Denken, auch wenn wir uns noch so sehr als statisch kontinuierliche Einheit empfinden. Es existiert tatsächlich nichts weiter als eine ununterbrochene und komplexe Abfolge von Gedanken.

Diese Summe schnell aufeinanderfolgender Gedanken erweckt in uns den trügerischen Eindruck eines persönlichen Bewusstseins, das sich in der Raum-Zeit-Illusion bewegt. Da sich dieses konditionierte raum-zeitliche Bewusstsein irrtümlich als etwas versteht, was hinter den Gedanken, hinter den Wahrnehmungen liegt, hält es sich für den Mittelpunkt dieses ganzen Geschehens. Und genau das ist der ständige Prozess der Entstehung und Aufrechterhaltung des Ego-Wahns.

Befreiung von Konzepten

In unserem Nichterkennen der Leerheit aller Erscheinungen identifizieren wir uns mit unseren alten Denkmodellen und meinen dann: »Das ist die Welt und das ist meine Persönlichkeit«. All das, womit wir uns identifizieren, unsere ganzen Erinnerungen und Erfahrungen, beginnend von den ersten Tagen unserer Kindheit an, bilden unsere vermeintliche Individualität.

Diese konditionierte, gewohnte Betrachtungsweise verdichtet sich dann in der Verhärtung zum Ego-Panzer zur Illusion einer selbstständig für sich bestehenden Persönlichkeit. Sie erlebt sich als getrennt von allem, was sie wahrnimmt und erfährt. Doch wenn wir diesen ganzen Trug durchschauen, gelangen wir immer mehr zu einer inneren Loslösung von all unseren falschen Sichtweisen.

Denn die Vorstellung von einem persönlichen Selbst ist unsere eigentliche Bindung. Unsere Befreiung kann demzufolge nur durch die Loslösung von der Wahnvorstellung einer für sich bestehenden Persönlichkeit geschehen.

Wenn wir wirklich unserem Gebundensein an den Kreislauf von Geburt und Tod ein Ende setzen wollen, dann gibt es für uns letztlich keinen anderen Weg, als uns von allen Konzepten zu befreien.

Wir müssen alles wegwerfen, was wir jemals in unserem Geist hochgehalten und für wichtig erachtet haben. Denn nichts ist wichtig angesichts der Gegenwart des Todes! Deshalb sagt auch Zen-Meister Yün-men im 10. Jahrhundert:

> Die Zeit harret nicht des Menschen. Eines Tages wird sich euer sterbender Blick auf die Erde richten und dann, was tut ihr dann? Fuchtelt dann nicht verzweifelt mit Armen und Beinen herum wie eine ins heiße Wasser geworfene Krabbe!
> Das wird ganz bestimmt nicht der Ort sein für große Worte von euch Schaumschlägern!

»Wahre Worte sind nicht schön und schöne Worte sind nicht wahr«, sagt der taoistische Weise Lao-tse. Je tiefer die Aussage ist und je direkter sie den Kern der Sache trifft, umso weniger sind es, vom allgemeinen Verständnis aus gesehen, erbauliche Worte. Denn sie reißen uns immer das Fundament unserer Ego-Stabilität unter den Füßen weg. Und das, was uns vermeintliche Sicherheit in dieser raum-zeitlichen Illusion einer scheinbaren, äußeren Erscheinungswelt gibt, löst sich alles auf.

Doch wenn wir erkennen – wenn wir wirklich verstehen, dass unsere Persönlichkeit sowieso kein wirkliches Sein hat und dass alles nichts weiter als eine Illusion ist –, dann gelangen wir auch zur Bereitschaft der inneren Loslösung von allem.

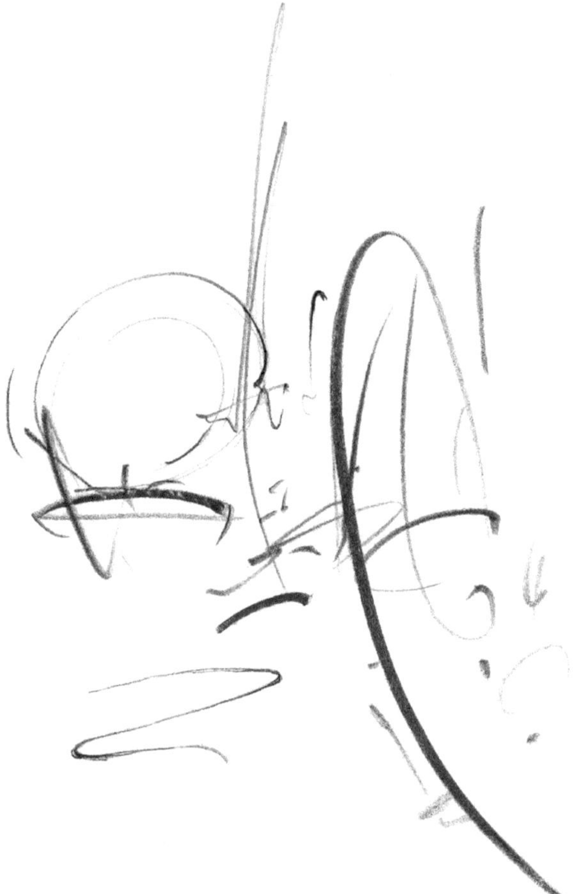

10. Kapitel

Jenseits von Leben und Tod

Angst vor dem Sterben

Wer sich im Augenblick seines Todes an seinem irdischen Leben anklammert, zeigt damit, dass er noch von seinem kleinen Ich beherrscht wird. Da raum-zeitliches Leben für ihn die einzig greifbare Realität des Seins darstellt, haftet er am persönlichen Ich fest, das er mit dem eigenen Leben gleichsetzt. Diese Anklammerung ist die Ursache für die Angst vor dem Tod.

Die Angst vor dem Tod hat ihre Wurzeln in der Illusion eines sterblichen Ichs, das sich mit aller Macht an die Wahnvorstellung einer für sich bestehenden Persönlichkeit festklammert.

Wer jedoch in der Erleuchtungserfahrung sein unsterbliches Selbst und somit die Unwirklichkeit jenes anklammernden, sterblichen »Pseudo-Ichs« erfahren hat, haftet nicht mehr am Leben, noch fürchtet er den Tod. Er hat einen geistigen Stand

»jenseits von Leben und Tod« erreicht. Deshalb ruft uns der japanische Zen-Meister Uesugi Kenshin aus dem 16. Jahrhundert zu:

> Die übermäßig am Leben haften, werden sterben, und die den Tod annehmen, werden leben. Auf das Innere kommt es an. Schaut hinein in das Innere, und ihr werdet erfahren, dass in euch etwas lebt, das jenseits von Geburt und Tod besteht und weder im Wasser ertrinken noch im Feuer verbrennen kann. Ich selbst habe diese Erkenntnis gewonnen und weiß also, wovon ich rede.

Solch eine entschlossene Ausrichtung auf den Tod erzog die Zen-Schüler zu einer Geisteshaltung von absoluter Konsequenz. Das Zen der alten Meister war eine Sache auf Leben und Tod, und die Begegnungen zwischen Meister und Schüler waren stets, wie die folgende, von großem Ernst getragen:

> Einst lag der im 8. Jahrhundert lebende große chinesische Zen-Meister Ma-tsu mitten auf dem Feldweg – er streckte alle viere von sich und ruhte sich aus. Da kam ein Mönch mit einer Schubkarre von der Feldarbeit und bat ihn, seine Beine einzuziehen, damit er vorbeifahren könne.
>
> »Was liegt, das soll man liegen lassen«, sagte Ma-tsu.
>
> »Und was rollt, soll man rollen lassen«, antwortete der Mönch und fuhr dem Meister mit der Schubkarre über die Beine.
>
> Als am Abend alle in der großen Halle versammelt waren, ergriff Ma-tsu eine riesige Axt und brüllte: »Wer mir heute Mittag über die Beine gefahren ist, möge vortreten!«
>
> Ohne zu zögern, trat der Mönch vor und hielt ihm sein Genick hin. Ma-tsu nickte beifällig und legte die Axt beiseite.

Befreiung vom Ich-Wahn

Die große Selbstsicherheit und Furchtlosigkeit, die der Mönch durch seine Zen-Praxis erlangt hatte, zeigten Ma-tsu, dass sein Schüler sich in einer Geistesverfassung jenseits von Leben und Tod befand.

Um zu solch einem ganzheitlichen Bewusstseinszustand zu gelangen, muss der Mensch in einem Sterben seines Ichs durch die Grenzen seines durch Nichterkenntnis begrenzten Bewusstseins hindurchbrechen. Da es aber ein für sich bestehendes »Einzel-Selbst« nicht gibt, kann es sich beim Sterben des Ichs nur um den Tod aller den Ich-Wahn bedingenden Identifikationen und Anhaftungen handeln. Mit den Worten von Zen-Meister Yang-shan im 9. Jahrhundert:

> Ihr sollt eure Aufmerksamkeit nach innen wenden. Ihr habt euch länger, als ihr euch zurückerinnern könnt, vom Licht fort der Finsternis zugewendet, und so reichen die Wurzeln eures ich-haften Denkens tief und sind schwer auszureißen.

Ohne Erlöschen, das heißt: ohne das Sterben des ängstlichen Haftens an der Wahnvorstellung von einem Ich, bleiben wir an den »Samsara«, den Kreislauf von Geburt und Tod, gekettet. Dieser Kreislauf vollzieht sich unter dem unerbittlichen Gesetz des »Karma«, nämlich der Vergeltung aller in dieser äußeren Erscheinungswelt gewirkten Taten.

Karma und Wiedergeburt sind auf das Engste mit dem Ich-Wahn verknüpft. Denn solange die durch das Nichtwissen um unsere wahre Wesensnatur bedingte »Egozentrierung« besteht, halten wir die Illusion einer vermeintlich vielheitlichen Welt für real.

Dadurch begehen wir dann alle möglichen Taten aus Begehren, Ablehnung und geistiger Verblendung und verstricken uns so immer mehr in das Rankengewirr unserer identifikationsbedingten Anhaftungen. Hieraus gibt es keine Möglichkeit des Entrinnens, es sei denn durch die im Erlebnis des mystischen Todes erfahrene radikale Auslöschung des Ich-Wahns.

11. Kapitel

Die große Befreiung

Mystisches Sterben

Wahre spirituelle Praxis ist eine Sache auf Leben und Tod, bei der es letztlich um ein Sterben des Egos geht. Allein in der radikalen Hinwendung nach innen, in einem Hineinsterben in unseren tiefsten Wesensgrund, werden wir unsere wahre Wesensnatur erkennen. Denn erst wenn wir durch die Taufe des mystischen Todes erneuert werden, können wir die Fülle des göttlichen Lebens erfahren. So sagt auch der christliche Mystiker Meister Eckhart (14. Jh.):

> Wer Gott schaut, erkennt nichts als Gott. Willst du mit Gott geeint werden, so sollst du ganz deinem Deinsein entsinken und in sein Seinsein zerfließen, und es soll dein »Dein« in seinem »Sein« ein »Mein« werden so gänzlich, dass du mit ihm ewig erkennest seine ungewordene Seinsheit und seine unnennbare Nichtheit.

Mit den Worten des chinesischen Zen-Meisters Tahui aus dem 12. Jahrhundert:

> Stirb ganz und gar, dann kehre zurück ins Leben – danach kann nichts mehr dich täuschen.

Dieses mystische Sterben ist die »große Befreiung« und wird im Zen »der große Tod« genannt. Der große Tod und die große Befreiung sind ein und dasselbe. Vorraussetzung, dies zu erfahren, ist einzig und allein, dass wir jetzt in diesem Augenblick alles loslassen – was es auch sei – und so zu einem Vergessen unserer Selbst und aller Dinge gelangen.

In dieser Verfassung der Loslösung offenbart sich uns unser wahres Sein. Das Loslassen und das Sich-Auflösen in die Fülle des göttlichen Seins ist »eine« Erfahrung und geschieht im selben Moment. In dieser Erfahrung des mystischen Todes werden wir verwandelt werden in das strahlende Licht des Geistes, und wir werden erfüllt sein von großer Klarheit und unbeschreiblichem Frieden.

Das ist die große Befreiung. Die Fesseln des Ich-Wahns sind zerbrochen, und wir leben von nun an ein Leben in vollkommener Freiheit. Hören wir hierzu die alte indische Geschichte von dem König und seinem Papagei:

Der König und sein Papagei

Es war einmal vor langer Zeit ein Papagei, der lebte mit vielen anderen Papageien auf einem Baum im Dschungel. Sie waren alle sehr glücklich und zufrieden und aßen von den schönen Früchten des Dschungels.

Doch eines Tages kamen die Jäger des Königs und fingen den Papagei mit einem Netz ein. Und da es ein wunderschöner Papagei war mit herrlich leuchtendem Gefieder, grün, blau, rot und gelb, sagte der König: »Das ist jetzt mein Palast-Papagei.«

Und er ließ von seinen Goldschmieden einen großen Käfig bauen aus reinem Gold. Das Türchen zum Auf- und Zumachen war mit Diamanten besetzt und die Trink- und Fressnäpfchen mit großen Rubinen und Smaragden bestückt. Er bekam das allerbeste Essen, von dem ein Papagei nur träumen kann. Aber der Papagei war trotz allem immer sehr traurig, denn er hatte ja seine Freiheit verloren und war gefangen.

Eines Tages sagte der König zu ihm: »Hör zu, Papagei, ich habe eine große Reise vor – und rate mal, wohin? Genau in das Gebiet, wo du gelebt hast, in den Dschungel. Und ich werde auch an dem Baum vorbeikommen, auf dem alle deine ganzen Freunde wohnen. Wenn du willst, kann ich ihnen ja etwas ausrichten. Soll ich ihnen einen schönen Gruß von dir sagen? Oder sonst etwas?« Da sagte der Papagei:

»Erzähl doch die Wahrheit, wie es ist. Dass ich hier in deinem Palast in einem Käfig bin.«

»Ja, dass du hier in einem wunderschönen goldenen Käfig bist«, sagte der König, »und dass es dir gut geht und dass du glücklich bist.«

»Das ist nicht die Wahrheit! Du kennst die Wahrheit. Ich habe alles zu essen und zu trinken … ich habe einen goldenen Käfig mit Juwelen und all dem anderen Glitzerkram. Aber mir fehlt die Freiheit. Ich möchte frei sein und weiß nicht, was ich tun soll. Und genau das sage meinen Freunden. Und frage sie, was sie mir raten, was ich tun kann, um mich wieder frei und glücklich zu fühlen.«

Am nächsten Morgen zog der König mit seinem Gefolge los. Als er an dem besagten Baum, auf dem die Papageien lebten, vorbeikam, ließ er anhalten. Doch die Papageien auf dem Baum brachten sich erst einmal in Sicherheit, als sie den König mit seiner Gefolgschaft sahen. Da rief der König ihnen zu: »Ihr braucht keine Angst zu haben. Ich komme von eurem Freund, der jetzt bei mir im Palast wohnt. Und ich soll euch etwas ausrichten!«

Da kamen sie näher geflogen und riefen: »So, was denn, was denn?«

»Ich soll euch ausrichten, dass er bei mir im Palast lebt in einem wunderschönen großen Käfig aus reinem Gold! Besetzt mit Juwelen, Rubinen und Smaragden – und er hat das feinste Essen!«

»So«, sagten die Papageien, »ist das alles?«

»Hmmmm … nein«, druckste der König herum.

»Na, sag schon!«

»Er sagt, er wäre sehr unglücklich und er leide, weil er gefangen ist, und er wüsste nicht, was er tun soll, um sich wieder frei und glücklich zu fühlen.«

»Oh, oh, wie schrecklich«, klagten da die Papageien und alle ließen ihre Köpfe hängen, »unser armer Freund.« Alle hielten ihre Flügel vor die Brust, und auf einmal verdrehte einer die Augen und fiel vom Baum. Nach einer Weile fiel noch einer und dann noch einer und noch einer. Und auf einmal waren alle Papageien vom Baum gefallen und regten sich nicht mehr.

»Oh«, klagte da der König, »das ist ja furchtbar, wie ist denn so was möglich? Die sind ja alle tot! Lauter tote Papageien! War das denn so ein Schock für sie, dass ihr Freund bei mir in einem wunderschönen goldenen Käfig sitzt und alles hat, was er sich nur wünschen kann, und trotzdem unglücklich ist? – Das ist ja furchtbar. Die Armen. – Ich weiß gar nicht, wie ich das meinem Papagei sagen soll.«

Als der König sich einigermaßen von seinem Schreck erholt hatte, ging die Reise weiter. Schließlich kehrte er mit seiner Gefolgschaft zu seinem Palast zurück. Als er das Palastzimmer betrat, wartete der Papagei schon ungeduldig in seinem Käfig. Er hielt den Kopf schief und fragte: »Na, was ist? Hast du meine Freunde getroffen?«

»Na ja«, druckste der König rum.

»Und hast du ihnen denn meine Nachricht an sie überbracht?«

»Ja, ja.«

»Und, was haben sie denn gesagt?«

»Hmmm … eigentlich nichts«, sagte der König.

»Wieso? Sie müssen doch irgendetwas geantwortet haben?«

»Sie sind alle vom Baum gefallen.«

»Wie? Was? Vom Baum gefallen?«

»Na ja, ich hab ihnen doch deine Nachricht übermittelt.«

»Was hast du ihnen denn gesagt?«

»Nun – dass du bei mir in einem goldenen Käfig bist und alles hast, was man sich nur wünschen kann. Und dass du trotzdem unglücklich bist, weil du nicht weißt, was du tun kannst, um dich wieder frei und glücklich zu fühlen.«

»Ja, und dann?«

»Dann sind sie runtergefallen und waren alle tot.«

»Waaas? Alle tot?!«, schrie der Papagei und klatschte die Flügel vor die Brust. Er verdrehte die Augen, begann zu wanken und fiel von seiner Stange. Er lag auf dem Boden des Käfigs und rührte sich nicht mehr.

»Ooohh«, rief da der König, »mein Papagei! Mein Papagei ist nun auch tot … wie furchtbar, ach, wie furchtbar!« Er rief seine Diener und sagte zu ihnen: »Wir müssen meinen Papagei beerdigen, und da es der königliche Papagei ist, wollen wir ihm eine würdige Beerdigung zukommen lassen. Holt eine Bahre und legt ihn auf ein rotes Samtkissen. Wir wollen ihn morgen zu Grabe tragen.«

Am nächsten Morgen war der große Moment des Beerdigungszeremoniells. Vorne gingen feierlich bekleidet die Priester, und die Musiker der Hofkapelle spielten die Trauermusik. In der Mitte des Trauerzugs wurde die Bahre mit dem Papagei obendrauf getragen. Alle Leute waren betrübt und klagten: »Oh, des Königs Papagei ist tot, welch ein Jammer, wie traurig.«

Doch plötzlich bewegt sich der Papagei und richtet sich auf. Er bewegt seine Flügel und erhebt sich zum Erstaunen aller über die ganze Trauergemeinde. Er fliegt hoch über des Königs Haupt – zieht einige Kreise und ruft: »Danke, mein lieber König!

Vielen Dank für diese wunderbare Nachricht von meinen Freunden. Sie sind nicht wirklich gestorben. Sie haben mir nur mitgeteilt: ›Es gibt nur einen einzigen Weg zur Befreiung, und der ist – herauszusterben aus dem Käfig!«

Nach diesen Worten erhob er sich hoch in die Luft und flog davon.

12. Kapitel

Zen – die Weisheit des Nicht-Suchens

Suchen, ohne zu suchen

Die Wirklichkeit, die wir suchen, offenbart sich erst dann, wenn wir erkennen, dass es nichts zu suchen gibt. Mit den Worten des indischen Weisen Ramana Marharshi aus dem letzten Jahrhundert:

> Der Tag wird kommen, an dem du über deine vergangenen Bemühungen lachen wirst. Was du an dem Tag, an dem du lachst, erkennen wirst, ist schon »hier« und ist schon »jetzt«.

Alles Suchen ist in den Augen des Zen nichts weiter als Nichtwissen. Nichts suchen heißt: gelöst und entspannt bleiben. Wir können unser wahres Sein, den ungeborenen Einen Geist, der weder kommt noch geht, nicht erlangen, denn es gibt nichts zu erlangen.

Deshalb sagt der chinesische Zen-Meister Fo-yan aus dem 12. Jahrhundert:

> Wenn du suchst – was ist das anderes, als Schall und Form nachzujagen?
> Wenn du nicht suchst – worin unterscheidest du dich dann von Erde, Holz und Stein?
> Du musst suchen, ohne zu suchen!

Dies bedeutet: Werde still, verweile in dir selbst und lass dich somit von der allumfassenden, allgegenwärtigen Wirklichkeit des Einen Geistes finden. Meister Eckhart drückt es so aus:

> Der Mensch braucht sich die Gnade Gottes nicht erbitten. Er muss sich für ihr Wirken nur bereithalten.

Dies zeigt uns auch das Gleichnis von dem Mann, der am Eingang zum Paradies steht und versucht hereinzukommen.

Zuerst klopft er zaghaft an das Tor – dann, nach einer Weile, etwas fester, aber es geschieht nichts. Dann haut er mit seinen Fäusten dagegen, doch ohne Erfolg. Verzweifelt tritt er mit dem Fuß dagegen. Er nimmt Anlauf und rennt gegen das Tor, doch das Tor öffnet sich nicht. Dies geht die ganze Nacht hindurch, bis er irgendwann erschöpft niedersinkt und erkennt, dass all sein Bemühen zu nichts führt – und siehe da: Das Tor geht auf, aber in die andere Richtung, nämlich – zu ihm hin.

Zielorientiertheit

Unser ganzes Suchen und unser Bemühen, das Nichterreichbare erreichen zu wollen, ist nichts anderes als ein Zudrücken des Tores zur Befreiung.

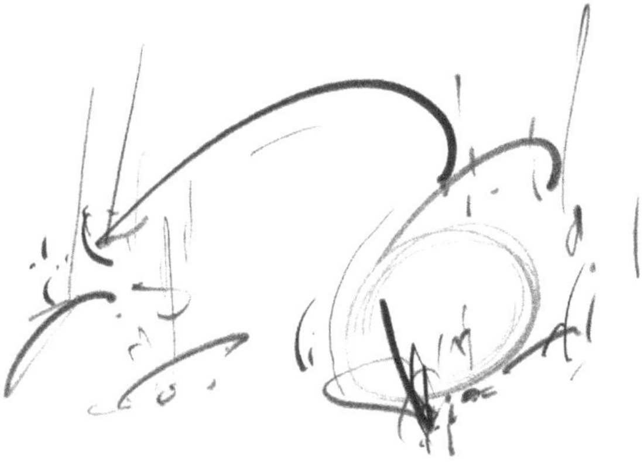

»Dass es nichts zu erreichen gibt, sind keine leeren Worte, sondern die höchste Wahrheit«, sagt Zen-Meister Huang-po. Wie einleuchtend diese Worte auch klingen mögen, so verstehen sie doch nur die Allerwenigsten. Die meisten bestätigen zwar schnell und sagen »Es gibt nichts zu erreichen«, doch von ihrem Verstand her bleiben sie zielorientiert. Diese Zielorientiertheit halten sie aufrecht bei allem, was sie tun – selbst bei der Meditation.

Auf diese Weise bemühen sich viele Wahrheitssucher jahrelang, ohne zum Erfolg ihrer Bemühungen zu gelangen. Doch so manchem öffnete sich das Auge der Erleuchtung erst dann, als er seine zielorientierten Anstrengungen einstellte. Dies musste im 9. Jahrhundert auch der ins greise Alter gekommene chinesische Zen-Mönch Hsiang-yen erfahren:

> Nach Jahren des vergeblichen Ringens um Erleuchtung gab Hsiang-yen das Klosterleben auf. Er zog sich in die Einsamkeit zurück und lebte in einer alten, verfallenen Hütte das Leben eines Einsiedlers. Eines Tages, als er gerade vor seiner Hütte fegte, sprang ein kleiner Stein hoch und prallte gegen den Bambusstiel seines Besens. Das Geräusch, das dabei entstand, öffnete Hsiang-yens Geist ganz unerwartet, und er erfuhr urplötzlich die Erleuchtung. Anschließend brach er in ein großes Lachen aus. Daraufhin verfasste er folgende Erleuchtungs-Gatha:

»Mit einem Schlag ist alles frühere Wissen vergessen. Kein mühsames Arbeiten an sich selbst ist dazu nötig. All diejenigen, die Erleuchtung erfuhren, erklären dies für die allerhöchste Wahrheit.«

Die Buddha-Natur, unser wahres Selbst, offenbart sich schon seit aller Ewigkeit jetzt-hier. Wenn wir da sind, ist alles da! In der absoluten Gegenwart des Jetzt offenbart sich uns unser ursprüngliches Angesicht vor unserer Geburt.

Ein Mönch fragt Zen-Meister Tien-lung (9. Jh.):
»Wer ist Buddha?«
Tien-lung sagt: »Du bist er.«
Der Mönch: »Wie habe ich das zu verstehen?«
Tien-lung: »Möchtest du einen Henkel an deine Bettelschale?«

13. Kapitel

Der wahre Zen-Geist

Falsche Meditationspraxis

Die meisten Menschen praktizieren Meditation, um irgendetwas zu erlangen. Sie möchten Buddhaschaft, das heißt Erleuchtung, erlangen. Sie möchten in schönen, beseligenden Gefühlen schwelgen und in Stille und Frieden verweilen. Hierzu sagt Meister Eckhart:

> Wer da wähnt, in stiller Versunkenheit, Andacht, schmelzenden Gefühlen und sonderlichem Anschmiegen mehr von Gott zu haben als beim Herdfeuer oder im Stalle, der sucht Gott unter bestimmten Formen. Er greift nach der Form, aber Gott entgeht ihm. Doch nur wer Gott unter keinerlei Form sucht, der ergreift ihn, wie er in sich selber ist.

Wahre Zen-Meditation heißt frei zu sein von jedem Verlangen – frei zu sein von allem, was es auch sei.

Im Zen gibt es hierfür den oft angewandten Ausdruck »Mushotoku«, das bedeutet: »Ohne Ziel und Streben nach Gewinn«.

So, wie es falsch ist, während der Meditation in schönen, beseligenden Gefühlen zu baden, ist es aber auch genauso falsch, einfach nur so dazusitzen und auf die Erleuchtung zu warten. Denn wie können wir hoffen, durch bloßes, stumpfes Herumsitzen zur Einsicht unseres wahren Wesens zu gelangen? Dies musste auch der Zen-Mönch Ma-tsu im 8. Jahrhundert erkennen:

> Als Ma-tsu noch Schüler im Kloster seines Meisters Nan-yüeh war, saß er Tag für Tag mehrere Stunden in meditativer Versenkung. Als er eines Tages im Klosterhof meditierte, näherte sich der Meister und fragte ihn: »Was hoffst du durch dein stundenlanges Sitzen in Versenkung zu erreichen?«
> Ma-tsu antwortete: »Ich möchte dadurch zur Buddhaschaft gelangen.«
> Ohne ein Wort zu sagen, drehte sich Meister Nan-yüeh um und ging in den Garten. Nach einiger Zeit kam er mit einem Stein und einem Dachziegel wieder zurück und begann, den Stein und den Ziegel aneinanderzureiben.

Das knirschende Geräusch erschütterte die Ruhe und den heiligen Frieden des jungen Ma-tsu. Er bemühte sich, das fürchterliche Geräusch zu ignorieren. Doch Meister Nan-yüeh fuhr unermüdlich fort, Stein und Ziegel aneinanderzureiben. Schließlich, nach einigen Minuten der Qual, konnte Ma-tsu nicht mehr an sich halten und fuhr gereizt auf: »Meister, warum reibst du denn diesen Stein und den Ziegel ständig hin und her?«
Nan-yüeh antwortete: »Ich habe die Absicht, aus dem Ziegelstein einen schönen, leuchtenden Spiegel zu machen.«
»Aber wie kann denn durch das Reiben eines Ziegels ein Spiegel entstehen?«, fragte Ma-tsu völlig erstaunt.
Da erwiderte Meister Nan-yüeh: »Und wie kann jemand durch das bloße Sitzen in Versenkung Buddhaschaft erlangen?«

Zen-Meister Nan-yüeh wollte auf diese Weise seinem Schüler, der später zu einem der bedeutendsten Meister in der Geschichte des Zen wurde, klarmachen, dass sich Buddhaschaft – das Erleben unseres wahren Wesens – nicht durch äußere, künstlich auferlegte Praxis erzwingen lässt.

Wahre Zen-Praxis

Wenn wir krampfhaft versuchen, die Erleuchtung durch stundenlanges Sitzen mit gekreuzten Beinen zu erlangen, töten wir den wahren Geist des Zen. Die alten chinesischen Meister nannten diese falsche Form der Meditationspraxis »die Geisterhöhle des toten Nichts«. Über diese Art des Übens sagt Zen-Meister Lin-chi:

> Es gibt blinde Kahlköpfe, die, nachdem sie sich sattgefressen haben, stundenlang Meditation üben. Sie halten die Bewegung der Gedanken an, und damit diese sich gar nicht erst bilden, fliehen sie den Lärm der Welt und suchen die Stille. Das ist eine abweichende Form des Zen. Es ist die Falle des toten Nichts.

Wir dürfen jedoch nicht vergessen, dass die Meditation für die spirituelle Praxis äußerst wichtig ist. Doch die einseitige Praxis des ausschließlichen Sitzens in Versenkung ist dem lebendigen Zen der alten chinesischen Meister total entgegengesetzt.

Im wahren, ursprünglichen Zen geht es vielmehr darum, überall und zu jeder Zeit einen nicht-anhaftenden Geist zu bewahren, so dass wir in freier, nichtidentifizierter Weise mit den Dingen umgehen. Dass wir die Dinge besitzen, ohne dass die Dinge uns besitzen. Dass wir handeln ohne Ich-Bezogenheit, so dass wir innerlich frei sind vom Handeln. Dies ist wahres Leben aus, durch und im Zen.

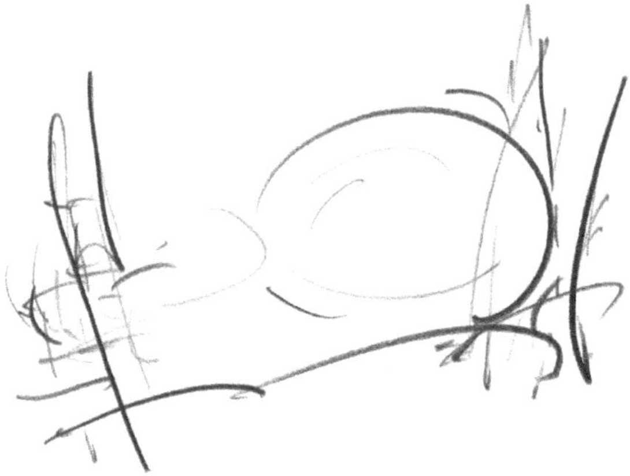

Wahre Zen-Praxis ist somit nicht nur eine besondere körperliche Sitzhaltung, sondern vielmehr eine Haltung des Geistes von Augenblick zu Augenblick. Dabei geht es um ein ständiges, ununterbrochenes Versunkensein in den inneren Grund bei allem, was man tut. Beim Stehen, Liegen, Sitzen, Gehen, Reden, Schweigen – überall und zu jeder Zeit. Dies ist das ursprüngliche, lebendige Zen der alten chinesischen Meister, wie es im folgenden Mondo – der

Begegnung zwischen Meister und Schüler – zum Ausdruck kommt:

> Ein Schüler des Zen fragt seinen im 8. Jahrhundert lebenden Meister Hui-hai: »Meister, was ist deine Art, Zen zu leben – was ist das Geheimnis deines Zen?«
> Der Meister sagt: »Wenn ich hungrig bin, esse ich, und wenn ich müde bin, schlafe ich.«
> »Na ja«, meint der Mönch, »das ist ja alles ganz schön und gut, aber das tun wir doch alle. Was ist denn da so Besonderes dran?«
> »Nun«, sagt der Meister, »wenn ihr esst, dann habt ihr dabei tausend Gedanken und seid im Da und Dort. Und wenn ihr schlaft, habt ihr in euren Träumen viele Ängste und Wünsche. Doch wenn ich esse, esse ich, und sonst nichts. Und wenn ich schlafe, schlafe ich, und sonst nichts. Das ist mein Zen.«

Das ist der wahre Zen-Geist. In dieser Bewusstseinsverfassung der heiteren Widerspiegelung des Geistes befreien wir uns von allen unseren Anhaftungen und Identifikationen. All das löst sich auf, und wir stehen in der allumfassenden Ganzheit des Seins – jenseits von Geburt und Tod. Nicht, dass wir dann nicht mehr altern und sterben werden, aber es geschieht einfach so. Die Dinge geschehen ganz natürlich.

Die Pflanze wächst empor, die Knospe geht auf und blüht in voller Pracht und Schönheit. Die Blume verbreitet ihren herrlichen Duft, Bienen und Schmetterlinge sind eingeladen, den Nektar aufzunehmen. Und dann kommt die Zeit, wo sie verwelkt und sich wieder auflöst. Alles geschieht vollkommen natürlich – einfach so – im harmonischen Einklang mit dem Tao.

14. Kapitel

Die Heiterkeit des Geistes

Hier und jetzt ist die Ewigkeit

In diesem Augenblick, genau hier, an diesem Ort, offenbart sich die absolute Wirklichkeit des göttlichen Seins. Sie liegt weder in der Vergangenheit noch in der Zukunft. Das Hier und Jetzt ist die Ewigkeit – und Raum und Zeit sind nichts anderes als Folgeerscheinungen des Denkens mit seiner konditionierten Wahrnehmung und somit Illusion.

Gehen wir also vollkommen auf in diesem Augenblick des »absoluten Jetzt«. Dies ist der wahre Weg des direkten, augenblicklichen Erfassens der Wirklichkeit, so wie sie ist.

Jetzt-hier fällt alles in einem Punkt zusammen. Mit den Worten des großen Mahamudra-Meisters Saraha im 9. Jahrhundert:

> Alles, was hier ist, ist auch anderswo,
> und was hier nicht ist, ist nirgendwo.

Wo wollen wir die Wirklichkeit suchen, wenn wir doch schon mittendrin sind? Wo wollen wir das »Reine Land«, das Sukhavati-Paradies des grenzenlosen Lichtes, suchen? Mit den Worten Jesu:

Das Reich Gottes ist inwendig in euch!

Dieses »inwendig in euch« ist das absolute »Innen« – der Mittelpunkt des Seins. Es ist des Menschen Allerinnerstes, der Ort und Ursprung allen Lebens. Dieses Allerinnerste ist unser wahres Wesen – jenseits von Geburt und Tod und außerhalb von Raum und Zeit. Und somit kann es nichts anderes sein als das »Jetzt«.

Das Allerinnerste kann niemals die Vergangenheit sein, und es kann niemals die Zukunft sein. Denn das sind alles nur Wolken, die über das klare Licht des Geistes hinwegziehen und keine Realität haben. Dahinter strahlt die Wirklichkeit des Einen Geistes mit unverminderter Klarheit – ewig, ungeboren, unzerstörbar.

Da dem so ist und die Wirklichkeit des Einen Geistes sich als Grundlage all unserer Erfahrungen offenbart, ist sie stets gegenwärtig. Sie befindet sich direkt hier – wir sind mittendrin.

Wo wir gehen, wo wir stehen, wo wir auch sind – überall ist die unwandelbare Buddha-Wesenheit, die

Urquelle des gesamten Kosmos, gegenwärtig. Warum also springen wir voller Unruhe wie wild gewordene Affen von Ast zu Ast, greifen nach diesem und jenem und suchen etwas, was wir in Wirklichkeit nie verloren haben?

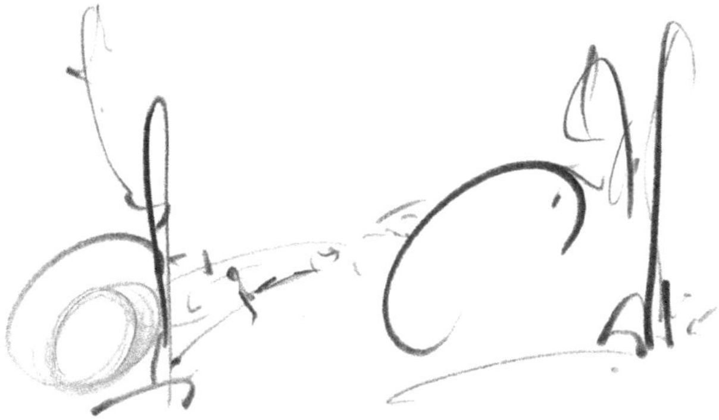

Wir können unser wahres Wesen nur erfahren, indem wir uns auf den ursprünglichen Zustand des Geistes, auf unser wahres Sein »jetzt-hier«, ganz einlassen. Doch der Verstand versucht immer, Grenzen zu setzen und alles unter Kontrolle zu halten. Denn das Begrenzte kann er kontrollieren und so vermeiden, sich zu öffnen und loszulassen. Solange wir uns aber noch an unseren Konditionierungen und dem Erinnerungsgeflecht unserer toten Vergangenheit festhalten, werden wir die wahre Freude unseres göttlichen Seins nicht erfahren. Im Gegenteil: Die göttliche Freude wird, wenn sie unserer ansichtig wird, fluchtartig das Weite suchen.

Ein humorloser, ernster Mensch, der mit einem Gesicht wie ein Leichenträger durch die Welt schleicht, kann niemals Erleuchtung erlangen. Solch eine Ernsthaftigkeit ist eine völlig verkehrte Einstellung zum Leben. Das Vivekachudamani, eine der grundlegenden indischen Schriften des Vedanta aus dem 9. Jahrhundert, sagt:

> Du bist Brahman, die göttliche Wirklichkeit. Du bist reines Bewusstsein, der Zuschauer aller Erfahrungen – und dein wahres Wesen ist Freude.

Doch verkrampfte Ernsthaftigkeit ist einfach krank, pathologisch. Sie ist eine zerstörerische Krankheit der Seele. Eine humorlose, ernsthafte Geisteshaltung ist immer die Folgeerscheinung des konditionierten, egoverhafteten Sorgendenkens.

Voller Angst schauen wir in die Zukunft, und wehmütig oder mit Schuldgefühlen schauen wir in die Vergangenheit. Diese Geisteshaltung ist jedoch die Ursache von Misstrauen, Eifersucht und Neid.

Sie macht das Ich zu einer Festung gegenüber allem, was es umgibt. Dies beunruhigt dann unser Herz und zerstreut unseren Geist.

Der Hund im Spiegelsaal

Wir tragen einen Schutzpanzer, weil wir uns davor fürchten, verletzlich zu sein, und so verteidigen wir uns gegen alles und jeden. Auf diese Weise verlieren wir immer mehr die Fähigkeit, unser wahres Sein hinter all den verselbstständigten Projektionen eines dualistischen Bewusstseins wahrzunehmen.

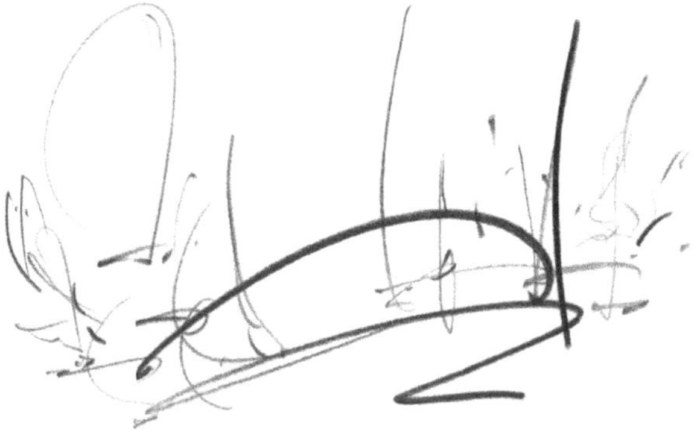

Unser von der Wirklichkeit getrenntes Dasein ist somit nur noch ein kümmerlicher Schatten unseres wahren Seins. Und so werden wir zu jenen wandelnden Leichen, von denen Jesus sagt: »Lass die Toten ihre Toten begraben!« Da wir nicht mehr auf den harmonischen Klang des Lebens hören, können wir in der Welt nur noch Disharmonie wahrnehmen.

So wie ein Spiegel immer nur das Gesicht widerspiegelt, das in ihn hineinschaut, so reflektiert die von uns wahrgenommene äußere Erscheinungswelt auch immer nur unsere jeweilige Bewusstseinsverfassung. Es ist wie in dem alten Gleichnis von dem Hund im Spiegelsaal:

> Ein Hund hatte sich eines Tages beim Herumstreunen in eine Höhle mit vielen Gängen verirrt und befand sich plötzlich in einem großen Saal mit tausend Spiegeln.
> Wo er auch hinschaut, überall sieht er nur Hunde – nichts als Hunde. Erschrocken und voller Misstrauen sträubt er das Fell und weicht einige Schritte zurück. Da dies alle anderen Hunde in den tausend Spiegeln auch tun, beginnt er zu knurren, zieht die Lefzen hoch und zeigt wütend seine Zähne.
> Als er sich nun aber zu seinem Entsetzen dieser riesigen Anzahl von wütenden, zähnefletschenden Hunden gegenübersieht, gerät er in

heillose Verwirrung. Er beginnt, sich zornig im Kreise zu drehen, was die Hunde in den Spiegeln natürlich ebenfalls tun. Und so dreht er sich immer schneller und schneller, bis er plötzlich völlig erschöpft tot umfällt.

Es stellt sich nun hier die Frage: Was wäre wohl geschehen, wenn dieser arme, bedauernswerte Hund auch nur einmal mit seinem Schwanz gewedelt hätte? Also hören wir auf herumzuknurren und – wedeln wir lieber! Ein indisches Sprichwort sagt:

> Das Lächeln, das du aussendest, kehrt zu dir zurück.

Die Welt, die wir erleben, ist nur ein Spiegelbild unserer selbst, und es hat keinen Sinn, das Spiegelbild zu tadeln. Wir müssen bei uns selbst beginnen, wenn wir eine freudige und friedliche Welt erleben wollen. Dies ist ein unumstößliches geistiges Gesetz.

15. Kapitel

Das innere Schweigen vor dem Unendlichen

Unaussagbares Geheimnis

Das unaufhörliche Auf- und Niederfluten von Gedanken gehört zur Natur des menschlichen Verstandes. Ein Gedanke folgt dem anderen, und sie bewegen sich innerhalb ihrer selbstgeschaffenen Grenzen. Infolge dieser endlosen Rastlosigkeit des Denkens ist es uns nicht mehr möglich, die allgegenwärtige, geburt- und todlose Wirklichkeit in uns selbst wahrzunehmen.

Denn das, was tief in unserem Allerinnersten verborgen ist, liegt in Stille und Ruhe. In dieser Stille der Tiefe des göttlichen Urgrundes sprudelt die ewige, unerschöpfliche Urquelle allen Seins. Viele Gedanken verwirren das Gemüt, doch wo die Worte und Gedanken schweigen, beginnt das Unendliche.

Deshalb sagt der chinesische Zen-Meister Yüan-wu im 12. Jahrhundert:

> Wo Rede und Denken keine Gültigkeit mehr haben, wirst du mit dem Grundlegenden verschmelzen, ins Unendliche einsinken und die innewohnende Weisheit erlangen, die kein Erlangen kennt.

Wollen wir dieses Ewige in uns erfahren, dann muss alles Denken, Wähnen und Meinen schweigen. Doch je mehr der Mensch von der Fülle des göttlichen Seins durchdrungen ist, desto unmöglicher wird es für ihn, das unaussagbare Geheimnis des Ewigen in Worten auszudrücken. Alles, was er darüber aussagen könnte, würde das wesentliche Verfehlen und sein mystisches Erleben nicht wirklich zum Ausdruck bringen. Hiervon kündet auch der christliche Mystiker Meister Eckhart:

> Alles, was der Mensch über Gott aussagt, das ist Gott ganz und gar nicht. Denn was Gott wirklich ist, kann nur der erkennen, der in ein Licht entrückt wird, das Gott selber ist.

Welche Namen und Umschreibungen wir dem unvorstellbaren und somit unaussagbaren Urgrund allen Seins auch geben, so sind es doch nur unsere eigenen begrenzten Vorstellungen und Bilder von der Wirklichkeit, aber niemals die absolute Wirklichkeit selbst.

Das göttliche Sein ist unfassbar und undefinierbar, denn definieren bedeutet Grenzen setzen. Alle Bemühungen, es in begriffliche Formen zu zwängen, kommen dem Versuch gleich, den Himmel mit einem Netz einfangen zu wollen. Deshalb sagt der chinesiche taoistische Altmeister Lao-tse im 6. vorchristlichen Jahrhundert:

> Das aussagbare Tao ist nicht das ewige Tao.
> Der nennbare Name ist nicht der ewige Name.

Rankengewirr

Das Festhalten an verstandesmäßigen Definitionen und Begriffen ist der Grund dafür, dass der freie Geist in festgelegte Bahnen gelenkt wird. Der Geist verliert seine natürliche Klarschau und kerkert sich im Rankengewirr des unterscheidenden, begrifflichen Denkens selbst ein. Die Überwindung dieses beklagenswerten Zustandes ist das wesentliche Element des Zen.

> Einst kam ein Mönch zu Zen-Meister Tokusan (12. Jh.), um ihn nach der Wahrheit des Zen zu befragen. Bevor er seine Frage stellte, verbeugte er sich, der buddhistischen Vorschrift entsprechend, tief vor dem Meister. Doch bevor er seine Verbeugung beendet hatte, erhielt er von Tokusan einen gewaltigen Schlag mit dem Stock.
> »Warum schlägst du mich?«, fragte der Mönch mit schmerzverzerrtem Gesicht, »ich habe doch noch gar nichts gesagt!«
> »Es hat auch keinen Sinn zu warten, bis du den Mund aufmachst«, sagte Tokusan und hob seinen Stock zum nächsten Schlag. Der Mönch eilte schnell davon.

Zen ist stets erfrischend direkt und hält sich nicht mit schönen Worten und freundlichem Getue zur Erbauung der Egos auf. Immer geht es ihm um eine Loslösung von allen Begriffen und Gedanken. Denn nur wenn wir vollkommen frei werden von allen verstandesmäßigen Begriffen, wird sich uns die Wahrheit jenseits aller Worte offenbaren. Deshalb gibt uns Zen-Meister Fo-yan (12. Jh.) den guten Rat:

> Wer nicht haltmacht und den Blick nach innen wendet, wird weiter nach verstandesmäßigen Erklärungen suchen. Dieses Suchen und Vergleichen des Verstandes ist ganz und gar falsch. Wendeten die Menschen aber ihr Gewahrsein auf sich selbst, so würden sie alles verstehen.

In dieser großen Befreiung werden wir uns unseres wahren Wesens bewusst werden, gemäß jener Erkenntnis, die alle Kraft und Fähigkeit unseres Denkens übersteigt.

16. Kapitel

Zen – der Weg der persönlichen Erfahrung

Den Augenblick erfassen

Ein wirklicher Zen-Meister wird stets bestrebt sein, den Schüler von seinem intellektuellen Sperrmüll zu befreien. Immer wieder wird er versuchen, ihn unmittelbar zur Wahrheit des Zen hinzuführen.

Mit allen Mitteln, oftmals auch handgreiflicher Art, zerschlugen die alten chinesischen Zen-Meister das ganze Durcheinander intellektueller Begriffe und Erklärungen. Ihr Bestreben war, den Schüler mit kompromissloser Geradlinigkeit zur Wirklichkeit seines wahren Wesens zu führen. Der chinesische Zen-Meister Shih-kung (9. Jh.) stellte eines Tages seinem obersten Mönch folgende Frage:

»Kannst du den leeren Raum ergreifen?«
Der Mönch erwiderte: »Ja, Meister.«

»Wie machst du das?«, fragte der Meister.
Da streckte der Mönch sogleich den Arm aus und griff in den leeren Raum. Daraufhin bemerkte der Meister: »Wie kannst du in dieser Weise den leeren Raum ergreifen?«
»Wie sonst?«, entgegnete der Mönch. Kaum hatte er dies gesagt, ergriff der Meister blitzschnell die Nase des Mönchs und verdrehte sie ihm.
Der Mönch schrie vor Schmerz laut auf und rief: »Oh, ah, ihr tut mir schrecklich weh!«
Der Meister ließ die Nase des Mönchs los und sagte: »In keiner Weise kannst du den leeren Raum ergreifen.«

Wenn man, wie der Mönch in unserem Beispiel, behauptet, man habe irgendetwas erlangt, so ist dies der sicherste Beweis dafür, dass man in die Irre gegangen ist. Denn im Zen gibt es nichts zu erlangen und nichts zu erreichen. Es gibt nur ein »geheimnisvolles, schweigendes Verstehen« und nichts anderes.

Die Wahrheit des Zen ist einfach und unmittelbar. Sie zeigt sich gerade in den allergewöhnlichsten Dingen des Alltags. Die Wirklichkeit ist stets gegenwärtig – gerade in diesem Augenblick! Im Trinken eines Glases Wasser oder beim Binden der Schnürsenkel – offenbart sich das Geheimnis und Wunder des Zen. Ein alter Zen-Spruch lautet:

> Wundervolle Taten und Handlungen voller Wunder! Ich schöpfe Wasser und trage Brennholz.

Dies ist aber nur für denjenigen erfahrbar, der aus dem Augenblick heraus die Dinge erlebt. Deshalb heißt es im Zen: »Erfasse den Augenblick und sei jetzt-hier!« Mit anderen Worten: »Erkenne alles als die eine Wirklichkeit, und halte dich nicht an der Schablone deiner dualistischen und eingrenzenden Betrachtungsweise fest!«

Kraftvolle Lehrmethode

Zen ist ein Leben ohne Fesseln, ein Leben in Freiheit und ist die Freiheit selbst. Lassen wir unsere selbstgeschaffenen Ketten des anhaftenden, kleinen Ichs zerbrechen, und das wahre Selbst erstrahlt in seiner ganzen Herrlichkeit – allumfassend und alles durchdringend! Dieses, unser ursprüngliches, wahres Wesen, ist vollkommen frei und ohne die geringste Unterscheidung und Gegensätzlichkeit.

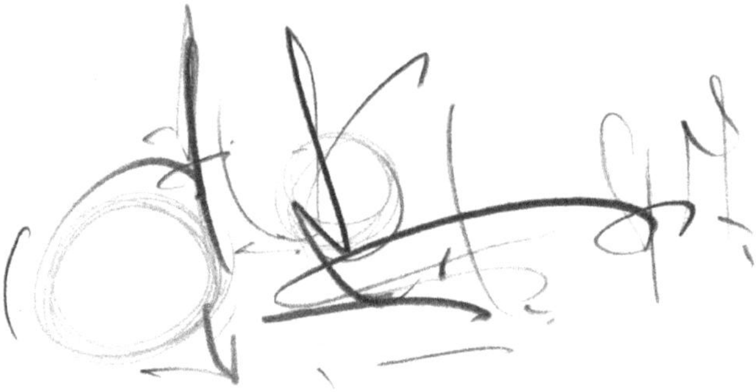

Es ist allgegenwärtig, still und rein und äußert sich als geheimnisvoll friedvolle Freude. Es ist das, was wir in jedem Augenblick unseres Lebens vor uns haben, in der ganzen Vollkommenheit des göttlichen Seins, ohne dass wir uns dessen bewusst sind.

In der Begegnung zwischen Meister und Schüler ist der Meister stets bestrebt, dem Schüler zu dieser unmittelbaren Erfahrung seines wahren Seins zu verhelfen. Nicht selten kam es bei den alten chinesischen Zen-Meistern dabei vor, dass sie auf ihre kraftvolle Art den Schüler äußerst grob, doch stets mit liebevoller Güte behandelten.

> Ein Mönch fragte Zen-Meister Ma-tsu: »Was ist die Wahrheit des Zen?« Ma-tsu schlug ihn sofort mit einem gewaltigen Fausthieb vor die Brust zu Boden und brüllte: »Wenn ich dich nicht niedergestreckt hätte, würde das ganze Land über mich lachen!«

Ma-tsu war einer der bedeutendsten und fähigsten Zen-Meister der Tang-Dynastie. Durch seine direkte und kraftvolle Methode der Vermittlung hat er so manchen Schüler zur Erleuchtung geführt. Der bedeutendste Schüler Ma-tsus war Pai-chang, der spätere Meister des Zen-Giganten Huang-po. Ma-tsus handgreifliche Lehrmethode wurde für Pai-chang zum Auslöser des »großen Erwachens«:

> Pai-chang befand sich eines Tages mit seinem Meister Ma-tsu im Garten hinter dem Haus,

als sie eine Schar Wildgänse am Himmel vorbeifliegen sahen.
Ma-tsu fragte: »Was war das?«
»Das waren Wildgänse, Meister.«
»Wohin sind sie geflogen?«, fragte Ma-tsu.
»Sie sind einfach weggeflogen, Meister.«
Plötzlich packte Ma-tsu Pai-changs Nase und verdrehte sie ihm. Dieser, vom Schmerz überwältigt, schrie laut auf: »Oh, ah, oh!«
»Du sagst, sie seien weggeflogen«, sagte Ma-tsu, »aber wie kommt es dann, dass sie von allem Anfang an hier gewesen sind?«
Pai-chang trat der Schweiß aus allen Poren – er war auf der Stelle erleuchtet.

Für diejenigen, die keinen Einblick in die Wahrheit des Zen erlangt haben, muss Ma-tsus Verhalten seltsam und rätselhaft erscheinen. Rationalistisch veranlagte Menschen, die das Zen mehr oder weniger begrifflich beurteilen, halten es für völlig unlogisch und absurd.

Die grundlegende Voraussetzung zum Verständnis des Zen ist und bleibt aber immer die eigene Erfahrung und nicht weitschweifige Erklärungen. Denn es nützt uns rein gar nichts, wenn wir an die Wahrheit in uns selbst nur glauben und intellektuell darüber Bescheid wissen. Wir müssen sie tatsächlich erkennen und erleben.

Die Wahrheit, die wir suchen, ist schon immer hier, nur – wir sind nicht hier. Das ist das einzige Problem. Doch jetzt, in diesem Augenblick, offenbart sich hier unser wahres Sein. Wenn wir es hier nicht finden, dann werden wir es nirgends finden.

Einst wurde Zen-Meister Joshu gefragt:
»Was ist genau vor den eigenen Augen?«
Joshu antwortete: »Du.«

17. Kapitel

Das Schwert der nicht-unterscheidenden Weisheit

Die Unmittelbarkeit des Zen

Zen ist die Essenz und der Höhepunkt des gesamten Buddhismus. Es ist der unmittelbare, direkte Weg zur Befreiung aus dem Gefangensein im Kreislauf von Geburt und Tod. Zen zerschlägt mit dem Schwert der »nicht-unterscheidenden Weisheit« mit einem Hieb den gordischen Knoten unserer geistigen Verwirrung. Mit den kraftvollen Worten von Zen-Meister Hsüeh-tou aus dem 11. Jahrhundert:

> Wo das Schwert der Weisheit herniedersaust, verlieren Sonne und Mond ihr Leuchten, und Himmel und Erde verlieren ihre Farbe.
> Durch diese Erfahrung platzen die Wänste der Teufel, und es öffnet sich dir das Auge der transzendenten Weisheit.

Nehmen wir das Schwert der Weisheit und zerschlagen wir jetzt, in diesem Augenblick, die Fesseln unserer verstandesmäßigen Interpretationen. Zerschlagen wir alle unsere Anhaftungen an das Erinnerungsgeflecht unserer toten Vergangenheit. Werfen wir alles unterscheidende begriffliche Denken in einem Moment ab – und wir sind frei.

Das ganze Wahngebilde unserer festgefügten Konzepte von Körper, Geist und Welt, von Raum und Zeit und Geburt und Tod, fällt auseinander, und die unendliche Weite des Einen Geistes strahlt auf. Genau das ist es, wodurch sich Zen von allen anderen religiösen Systemen und philosophischen Lehren unterscheidet. Zen geht nicht her und beschneidet die kleinen Blättlein von einem Baum, um ihn zu entfernen. Ein Blättlein und noch ein Blättlein. Und da ist noch eins und noch eins und dann die kleinen Zweiglein und so weiter bis unten hin. Bevor man unten angelangt ist, ist oben alles schon wieder nachgewachsen, und wir fangen wieder von vorn an. Dies ist nicht der Weg des Zen.

Zen schlägt mit dem scharfgeschliffenen Schwert der nicht-unterscheidenden Weisheit den ganzen Baum mit einem Hieb ab. Das ist die wahre Methode des Zen, das ist »der direkte Weg zur Befreiung«. Mit den Worten von Zen-Meister Huang-po:

> Der Geist ist von strahlender Klarheit erfüllt, darum werft die Dunkelheit eurer alten, toten Begriffe fort. Befreit euch von allem!

Wir können unser ganzes Problem nur loswerden, indem wir uns selbst loswerden, das heißt – der auslösende Faktor muss beseitigt werden. Und der auslösende Faktor ist nichts anderes als das Ego. Das Ego ist die Folgeerscheinung der drei »Kleshas«, der drei Grundirrtümer: Gier, Hass und Verblendung, das heißt: Begehren, Ablehnung und Nichtwissen. In ihrem Zusammenwirken bilden die drei Kleshas den Wahn einer für sich bestehenden

Persönlichkeit. Aber dies ist alles nur eine Illusion – ein Gaukelspiel ohne jede Wirklichkeit.

Folge mir »jetzt« nach

Wie lange wollen wir es noch weiterspielen, dieses Spiel? Warum nicht alles loslassen und aufwachen? Jetzt! Dieser Augenblick ist die beste Gelegenheit. Es gibt keine andere, und es gibt keine bessere als »jetzt«. Nicht, dass es uns so ergeht wie dem jungen Mann, der zu Jesus kommt und ihn fragt, was er tun müsse, um sein Jünger zu werden. Und Jesus sagt zu ihm:

> »Komm und folge mir nach!«
> Darauf sagt der junge Mann: »Ja, aber so schnell geht das leider nicht, denn ich habe im Moment viel zu tun. Mein Vater ist gestorben, und den muss ich erst beerdigen. Ich muss das Grab bestellen, ich muss die Trauerfeierlichkeiten regeln, und ich muss …«
> Und Jesus unterbricht ihn und sagt: »Wahrlich, ich sage dir – lass die Toten ihre Toten begraben, und folge du mir nach!«

Mit anderen Worten: Folge mir »jetzt« nach! Jetzt – und nicht irgendwann, nicht morgen und nicht übermorgen, denn es existiert nur das Jetzt. Der direkte Zen-Weg ist kein Weg für kleine, beschränkte Geister. Warum warten? Warum sagen: »Heute bin ich der Sache schon wieder ein bisschen näher gekommen, manches leuchtet mir besser ein, und irgendwann …«? Nein – nicht irgendwann!

Es gibt kein Irgendwann. Vergangenheit und Zukunft sind nichts anderes als Gedanken, die im gegenwärtigen Moment im Geist erscheinen. Die Erfahrung von Zeit ist demzufolge nichts anderes als Denken, und somit ist Zeit illusorisch – das heißt: nicht-existent. Es gibt nur das »Jetzt« und sonst gibt es gar nichts.

Gerade in diesem Augenblick zeigt sich unser ursprüngliches, wahres Wesen – nichts könnte näher sein. Also lassen wir uns »jetzt-hier« darauf ein! Einen anderen Weg gibt es nicht.

18. Kapitel

Das augenblickliche Erfassen der Wahrheit

Die Gans in der Flasche

Persönliches Erleben ist alles im Zen. Deshalb ist es unbedingt notwendig, dass wir aufhören zu träumen. Dies bedeutet, dass wir aufhören zu projizieren, so dass wir die Dinge nicht mehr durch die Schablone unserer begrenzten Sichtweise betrachten!

All unsere eingefahrenen, dualistischen Denkgewohnheiten mit unseren subjektiven Vorstellungen haben ein Umfeld geschaffen, in dem wir uns selbst verfangen haben und aus dem wir nicht mehr herauskommen. Wir haben uns verfangen in unserem selbstverursachten Rankengewirr des unterscheidenden, begrifflichen Denkens. Wir haben uns selbst zur Gans in der Flasche gemacht und sind dem Philosophen Ryoku in der folgenden Zen-Begegnung auf den Leim gegangen:

Eines Tages kommt der hochgelehrte Philosoph Ryoku zu dem im 9. Jahrhundert lebenden chinesischen Zen-Meister Nansen und sagt: »Es gibt da ein Problem, das mich schon seit langem beschäftigt. Könnt ihr mir bitte helfen, das Problem zu lösen?«

»Gut, dann lege mal los«, sagt Meister Nansen.

Ryoku beginnt: »Also, stellt euch vor, hier stünde eine große Flasche mit einer Öffnung, gerade so groß, dass man ein Gänseei hineinlegen könnte. Nach einiger Zeit bricht das Ei auf, und es kommt ein Gänseküken heraus. Es wird immer größer und größer, und auf einmal befindet sich eine voll ausgewachsene Gans in der Flasche.

Nun frage ich euch: Wie bekommt ihr die Gans aus der Flasche heraus, ohne dass die Flasche kaputtgeht und ohne dass die Gans einen Schaden erleidet?«

Meister Nansen ist für eine Weile still … doch plötzlich brüllt er mit lauter Stimme: »Ryoku!!!« – so dass dieser tief erschrocken zusammenzuckt.

»Ja, Meister?«

Und Meister Nansen sagt: »Schau! Die Gans ist draußen!«

Der Philosoph hatte sich in seinem selbstkonstruierten Rankengewirr des unterscheidenden Denkens so heillos verfangen, dass er sich selbst zur Gans in der Flasche gemacht hatte.

In der Praxis des Zen geht es deshalb darum zu erkennen, dass die Flasche – das heißt unsere selbstgeschaffenen, dualistischen Begrenzungen – nur eine Projektion des unterscheidenden Denkens ist. Es geht letztlich darum, klar zu sehen, immer bewusster und wacher zu werden und schließlich ganz aufzuwachen. Solange wir noch träumen, befinden wir uns in unserem Traum – als Gans in der Flasche. Doch wenn wir aufwachen, dann gibt es weder Gans noch Flasche.

Projektionen

Betrügen wir uns also nicht selbst mit unserem Vertrauen auf verstandesmäßige Erkenntnis, und suchen wir nicht im Da und Dort nach der Wahrheit. Es ist allein notwendig, sich des unterscheidenden, begrifflichen Denkens zu enthalten. Also lassen wir alles, so wie es ist, und alles ist gut! Denn das, was wir in jedem Augenblick ständig vor uns haben, ist der grenzenlose Eine Geist in all seiner Vollkommenheit.

Befreien wir uns von allem, was es auch sei, und die Wirklichkeit unseres wahren Wesens wird sich offenbaren. Das ist der Weg des augenblicklichen Erfassens der Wahrheit.

Doch unsere geistige Verblendung verursacht auf der aus sich selbst seienden Wirklichkeit des Einen Geistes eine unendliche Vielzahl von Gedankenwellen. Diese manifestieren sich zu den vielfältigen Formen einer scheinbaren, äußeren Erscheinungswelt, die wir dann für die Wirklichkeit halten und uns darin verstricken. Und so erkennen wir nicht, dass die Welt, so wie wir sie wahrnehmen, nur unsere eigene Projektion ist. Sie ist nichts weiter als eine Projektion des unterscheidenden Bewusstseins von Annehmen und Verwerfen.

Doch alles, was uns begegnet, ohne Ausnahme, ist in Wahrheit der Eine Geist, neben dem nichts anderes existiert. Alles ist die allumfassende Ganzheit des göttlichen Seins in ihrer ganzen Vollkommenheit. Und alles Unvollkommene, das heißt – was wir als unvollkommen wahrnehmen, ist nichts anderes als unsere eigene Projektion.

Wir projizieren unsere konditionierten, dualistischen Wertvorstellungen, stülpen sie auf das Wahrgenommene drauf und meinen dann, das, was wir wahrnehmen, sei das Ding an sich. Aber das ist es eben nicht. Es ist so, als ob wir nachts im Mondlicht eine Schlange am Wegesrand liegen sehen. Erschrocken weichen wir zurück und rennen davon. Doch wenn wir am nächsten Tag, wenn es hell ist, wieder an derselben Stelle vorbeikommen, sehen wir: Es war nur ein Seil. Das Sonnenlicht der klaren Erkenntnis offenbart uns die Wahrheit, so dass wir die Dinge sehen, wie sie sind. Da wird nichts darüberprojiziert, und wir erkennen alles so, wie es ist.

Alles, was wir wahrnehmen, solange wir uns im Traum des Samsara, dem Traum einer vermeintlichen, äußeren Erscheinungswelt, befinden, ist unsere eigene Projektion. Es ist somit nur äußerer Schein ohne wirkliches Sein. Denn das wahre Sein ist das, was sein Sein aus sich selbst hat – da gibt es keinen Anfang, und da gibt es kein Ende. Da gibt es weder Geburt noch Altern, Krankheit, Schmerz und Tod. Da gibt es nur die nicht-aussagbare Wirklichkeit, neben der nichts anderes existiert.

19. Kapitel

Die strahlende Wirklichkeit des Geistes

Jenseits von Reden und Schweigen

Jede Unterscheidung von Gut und Böse, von Heilig und Gewöhnlich ist eine Folgeerscheinung unseres Nichtwissens. »Offene Weite, nichts von heilig.« Dies ist die Antwort, die Bodhidharma, der legendäre erste Patriarch des Zen, dem chinesischen Kaiser Wu von Liang gab, als dieser ihn fragte: »Was ist das Heiligste in der Welt?«

Wir müssen alles hinter uns lassen: Buddha, Erleuchtung, Dharma, Zen oder was es auch immer sei. Alle diese Begriffe sind nichts weiter als leere Worthülsen ohne jeden Wert.

Solange wir noch an Worten festhängen, können wir niemals zur unmittelbaren Erfahrung unseres wahren Wesens gelangen. Zen verlangt deshalb von uns, alles, was es auch sei, zu verneinen und letztlich auch noch diese Verneinung zu übersteigen. Denn solange in uns noch die kleinste Spur von Bejahung oder Verneinung vorhanden ist, sind wir noch tausend Meilen von der Wahrheit des Zen entfernt. Wer seinen Mund öffnet, um zu bejahen oder zu verneinen, ist verloren. Er steht vollkommen außerhalb des Zen, mit den Worten von Zen-Meister Bassui im 14. Jahrhundert:

> Was du auch immer sagen magst, ist falsch. Und wenn du nichts sagst, ist es gleichermaßen falsch.

Und der chinesische Zen-Meister I-tuan (10. Jh.) sagte in einer seiner Darlegungen:

> »Reden ist Entweihung, Schweigen ist Irreführung. Jenseits von Schweigen und Reden führt ein Weg ins Grenzenlose, doch mein Mund ist nicht groß genug, ihn euch zu weisen.« Mit diesen Worten erhob er sich und verließ seinen hohen Sitz.

Es gibt im Zen nur ein radikales Sich-Lösen und Sich-Einlassen auf den ursprünglichen Zustand des Geistes – hier und jetzt. Doch wenn wir die vollkommene Verwirklichung erreichen, dann werden wir nur dieses allgegenwärtige Buddha-Wesen erfahren, das all die Zeit, ohne Unterbrechung, als der stille Beobachter hinter allen Erfahrungen bei uns war. Das, was stets Grundlage unserer Erfahrung ist, das reine Bewusstsein hinter allen Erfahrungen, war stets bei uns, doch wir waren nicht bei uns selbst. Mit den Worten Meister Eckharts:

> Gott ist drinnen, doch du bist draußen.

Wir werden in dieser hellklaren Bewusstheit erkennen, dass all das, was wir vorher erreicht haben auf unserem geistigen Weg, nur eine Anhäufung von leeren Hüllen war. Wir haben nur mit leeren Hüllen gespielt, aber das Wesentliche, das haben wir dabei nicht erfahren.

Wir können unser wahres Selbst nicht durch Bücher und Gelehrsamkeit finden, weil es jenseits aller Worte – jenseits des Denkens liegt. Wir können alle Aussagen der alten Meister studieren und auswendig im Kopf haben und sämtliche Kommentare dazu kennen. In dem Augenblick, wenn wir plötzlich zur strahlenden Wirklichkeit des Geistes erwachen, werden wir erfahren, dass dies alles nichts weiter war als Spreu, ohne jeden wirklichen Wert.

Der Donner der Stille

Erst wenn der Geist leer und klar ist, ohne Gedanken und Begriffe, können wir unser wahres Wesen jenseits von Geburt und Tod erfahren. Wenn wir unseren verselbstständigten Denkzwang zum Stillstand gebracht haben, werden wir auch nicht mehr die geringste Spur von Anhaftung und Karma schaffen. Dann werden wir schon in diesem Leben zur vollkommenen Freiheit gelangen.

Doch durch unseren verselbstständigten Denkzwang leben wir in einem Zustand der Getrenntheit inmitten einer Welt voller selbstgezeugter Probleme und Konflikte. Es ist wie bei dem Hund im Spiegelsaal.

Alles, was er sieht, sind seine eigenen Projektionen, auf die er voller Aggression und Angst reagiert.

Wir sind so mit unserem Verstand identifiziert, dass wir nicht einmal erkennen, dass er uns zu seinem Sklaven macht. Weil wir mit dem Verstand identifiziert sind, leiten wir unser Selbstgefühl vom Verstand ab und fürchten, dass es uns nicht mehr gibt, wenn wir aufhören zu denken. Diesen selbstgezeugten Teufelskreis zu durchbrechen durch Verwirklichung der geistigen Klarschau, ist das eigentliche Anliegen des Zen.

Zen öffnet das Auge des Menschen für das große Mysterium seiner universellen Wesensnatur. Es öffnet den Zugang zum unendlichen inneren Raum, der sich uns in seiner überräumlichen, grenzenlosen Weite und zeitlosen Ewigkeit offenbart. Wenn die Bezeichnung »radikal empirisch« auf irgendetwas zutrifft, dann mit Sicherheit auf Zen. Denn Zen ist in jeder Hinsicht eine reine Sache der absoluten Erfahrung. Dies zeigt uns auch die folgende Begebenheit aus dem 9. Jahrhundert:

> Als der chinesische Zen-Meister Ting-chou eines Tages eine Brücke überquerte, begegneten ihm drei hohe buddhistische Gelehrte. Einer der Gelehrten wollte Zen-Meisters Tings

Zen-Verständnis prüfen und fragte ihn: »Der Fluss ist tief, und sein Grund muss ausgelotet werden. Was bedeutet das?«

Kaum hatte er seine Frage gestellt, packte ihn Meister Ting mit beiden Händen und war drauf und dran, ihn von der Brücke zu stoßen. Doch die beiden anderen Gelehrten hielten ihn fest und riefen: »Halt, hör auf! Bist du verrückt geworden? Lass sofort los!«
Ting ließ den Gelehrten daraufhin los und sagte: »Hättet ihr mich nicht zurückgehalten, hätte ich ihn den Grund des Flusses selbst ausloten lassen!«

Die höchste Wahrheit ist jenseits aller Worte und Begriffe, jenseits aller Vorstellungen, allen Annehmens und Verwerfens – sie ist jenseits von allem.

Befreien wir uns deshalb von dem verselbstständigten Zwang des unterscheidenden, begrifflichen Denkens. Befreien wir uns von allen Konzepten, und die grenzenlose Weite des Einen Geistes offenbart sich uns als der »Donner der Stille«, der das ganze Universum erschüttert.

Der Schleier unserer geistigen Verblendung, der die Erkenntnis unseres ursprünglichen, wahren Seins verhindert hat, zerreißt von oben an bis unten hin. Unser Auge der Erleuchtung ist mit einem Schlag geöffnet, und wir sehen zum ersten Mal die Wirklichkeit, so wie sie ist.

Liste der Zen-Meister

Die in der Liste angegebenen Meisternamen richten sich nach der Schreibweise im Buch, dahinter steht der Name in der Pinyin-Umschrift sowie in der japanischen Schreibweise.

Ba-ling (10. Jh); Baling Haojian, jap. Haryo Kokan

Basho (1644-1694); jap. Matsuo Basho

Bassui (1327-1387); jap. Bassui Tokusho Zenji

Bodhidharma (470-543); jap. Daruma

Buddha (563-483 v. Chr.); Skrt. Buddha Shakyamuni, jap. Butsu

Bukko (1226-1286); Wuxue Zuyuan, jap. Bukko Kokushi

Chang-ching (854-932); Changquing Huileng, jap. Chokei Eryo

Chang-sha (gest. 868); Changsha Jingcen, jap. Chosha Keijin

Chia-men (gest. 1031); Kuang-tsu, jap. Chimon Koso

Chia-shan (805-881); Jiashan Shanhui, jap. Kassan

Chih-yüan (gest. um 1150); Zhiyuan Kuoan

Chü-chih (9. Jh.); Jinhua Juzhi, jap. Chikan Gutei

Chung-i (8./9. Jh.); Zhongyi Hongen, jap. Chuyu

Da-long (870-940); Dalong Zhihong, jap. Dairyo Chiko

Dan-yüan (8./9. Jh.); Danyuan Yingzhen, jap. Tangen Oshin

Dogen Zenji (13. Jh.); jap. Dogen Kigen

Dong-shan (807-869); Dongshan Liangjie, jap. Tozan Ryokai

Fa-yen (885-958); Fayan Wenyi, jap. Hogen Buneki

Fen-yang (947-1024); Fenyang Shanzhao, jap. Funyo Zensho

Fo-yan (1067-1120); Foyan Qingyuan, jap. Butsugen

Fu Ta-shih (497-569); Fu Dashi, jap. Fu Daishi

Ganto (828-887); Yantou Quanhuo, jap. Ganto Zenkatsu

Guizong (gest. 979); Guizong Cezhen, jap. Kiso Sakushin

Hakuin (1686-1769); jap. Hakuin Ekaku Zenji

Hong-zhi (1091-1157); Hongzhi Zhengjue, jap. Wanshi Shogaku

Hotei (10. Jh.); Budai, jap. Hotei

Hsiang-yen (gest. 898); Xiangyan Zhixian, jap. Kyogen Chikan

Hsing-hua (830-888); Xinghua Congjiang, jap. Koke Zonsho

Hsing-shan (815-885); Xingshan Jianhong

Hsüan-sha (835-908); Xuansha Shibe, jap. Gensha Shibi

Hsü-yün (1840-1959); Xuyun

Hsüeh-tou (980-1052); Xuedou Chongxian, jap. Setcho Juken

Huang-long (1002-1069); Huanglong Huinan, jap. Oryo (Oryu) Enan

Huang-po (gest. 850); Huangbo Xiyuan, jap. Obaku

Hui-chung (ca. 675-775); Nanyang Huizhong, jap. Nanyo Echu

Hui-neng (638-713); Dajian Huineng, jap. Daikan Eno

Joshu (778-897); Zhaozhou Congshen, jap. Joshu Jushin

Lao-tse (6. Jh. v. Chr.)

Lin-chi (gest. 866); Linji Yixuan, jap. Rinzai Gigen

Ling-yün (9. Jh.); Lingyun Zhiqin, jap. Reiun Shigon

Ma-tsu (709-788); Mazu Daoyi, jap. Baso Doitsu

Mu-chou (ca. 780-877); Muzhou Daozong, jap. Bokushu Doshu

Mumon (1183-1260); Wumen Huikai, jap. Mumon Ekai

Nansen (748-835); Nanquan Puyuan, jap. Nansen Fugan

Nan-yüeh (677-744); Nanyue Huairang, jap. Nangaku Ejo

Pai-chang (720-814); Baizhang Huaihai, jap. Hyakujo Ekai

Pan-shan (8./9. Jh.); Panshan Baoji, jap. Banzan Hoshaku

Pang-yün (740-808); Pangyun, jap. Ho Un

Pao-che (8./9. Jh.); Magu Baozhe, jap. Mayoku Hotetsu

Pao-chi (9. Jh.); Baoji Xiujing, jap. Hoji Kyujo

Po-chan (1575-1630); Bozhan

Pu-hua (gest. 860); Puhua Pu-ko, jap. Fuke

Ryokan Daigu (1758-1831); jap. Ryokan Daigu

Ryutan (8./9. Jh.); Longtan Chongxin, jap. Ryutan Soshin

San-sheng (9. Jh.); Sansheng Huiran, jap. Sansho Enen

Seppo (822-908); Xuefeng Yicun, jap. Seppo Gison

Shih-Kung (9. Jh.)

Shih-tou (700-790); Shitou Xiqian, jap. Sekito Kisen

Tao-hsin (580-651); Daoxin, jap. Doshin

Ta-hui (1089-1163); Dahui Zonggao, jap. Daie Soko

Ta-yü (9. Jh); Gaoan Dayu, jap. Koan Daigu

Tien-lung (8./9. Jh.); Tianlong

Ting-chou (9. Jh.); Ding Shangzuo, jap. Jo Joza

Tokusan (782-865); Deshan Xuanjian, jap. Tokusan Senkan

Tou-dsi (819-914); Touzi Datong, jap. Tosu Daido

Tou-shuai (1044-1091); Doushuai Congyue, jap. Tosotsu Juetsu

Tsao-shan (840-901); Caoshan Benji, jap. Sozan Honjaku

Tung-shan (910-990); Dongshan Shouchu, jap. Tozan Shusho

Wei-shan (771-853); Weishan Lingyu, jap. Isan Reiyu

Yang-chi (992-1049); Yangqi Fanghui, jap. Yogi Hoe

Yang-shan (807-883); Yangshan Huiji, jap. Kyozan Ejaku

Yen-kuan (750-842); Yanguan Qian, jap. Enkan Seian

Yeshugin Kenshin (6. Jh.), jap.

Ying-an (1103-1163); Yingan Tanhua, jap. Oan Donge

Yong-ming (904-975); Yongming Yanshou, jap. Yomei

Yüan-wu (1063-1135); Yuanwu Keqin, jap. Engo Kokugon

Yüeh-shan (745-828); Yueshan Weiyan, jap. Yakusan

Yün-chu (gest. ca. 902); Yunzhu Daoying, jap. Ungo Doyo

Yün-men (864-949); Yunmen Wenyan, jap. Ummon

Yün-yen (ca. 781-841); Yunyan Tansheng, jap. Ungan Donjo

Yung-chia (665-713); Yongjia Xuanjue, jap. Yoka Genkaku

Zuigan Shigen (9. Jh.); Ruiyan Shiyan, jap. Zuigan

Glossar

Adi-Buddha, Samantabhadra, Skrt., Ur-Buddha, die absolute Wirklichkeit als das höchste Wesen in der tibetisch-buddhistischen Kosmologie. Er gilt als die Personifikation der reinen → Shunyata.
Sein → Mantra ist: OM AH HUM, das den Körper, die Rede und den Geist aller Buddhas darstellt.
Samantabhadra (chin. Pu-hsien, jap. Fugen), wörtl.: »Der von der allumfassenden Güte«, ist im Mahayana-Buddhismus von großer Bedeutung. Er gilt als die Verkörperung der Gleichheit von Einheit und Verschiedenheit. Er ist der Beschützer von allen, die den Dharma lehren.

Advaita-Vedanta, Skrt., eines der drei wesentlichen philosophischen, theologischen Systeme im hinduistischen Vedanta. Sein wesentlicher führender Vertreter war Shankara (9. Jh.), einer der größten Heiligen und Philosophen Indiens.
Der Advaita-Vedanta lehrt, dass der göttliche Allgeist →Brahman, das Selbst →Atman und die äußere Erscheinungswelt vollkommen eins sind. In Shankaras Viveka-Chudamani, dem »Kleinod der Unter-

scheidung«, steht: »Du bist Brahman, reines Bewusstsein, der Zuschauer aller Erfahrungen und dein wahres Wesen ist Glückseligkeit.«

Amida, jap. für →Amitabha (Skrt.)

Amitabha, Skrt., »Grenzenloses Licht«, jap. »Amida«. Einer der wichtigsten Buddhas im →Mahayana-Buddhismus. Er ist der Buddha des »westlichen Paradieses« →Sukhavati, das keinen bestimmten Ort, sondern einen Bewusstseinszustand grenzenlosen Lichtes von Liebe und Erkenntnis meint.
Nach der Lehre des Shin-Buddhismus wird jeder, der im tiefen Vertrauen Amitabhas Namen anruft (vor allem in der Todesstunde), im Sukhavati-Paradies wiedergeboren. In der »Reines Land«-Schule lautet die Anrufung: Namu Amida Butsu, »Verehrung dem Buddha Amitabha«. →Nembutsu

Anfänger-Geist →Shoshin

Anitya, Skrt., wörtl.: »Unbeständigkeit, Vergänglichkeit«. Im Buddhismus eines der drei Merkmale alles bedingt Entstandenen und somit alles Seienden. Alles, was entstanden ist, dauert eine Weile an und zerfällt dann wieder – es entsteht, besteht und vergeht. Unbeständigkeit ist das Grundgesetz des ganzen Daseins. Aus ihm leiten sich die beiden weiteren Daseinsmerkmale ab: »Nicht-Wesenhaftigkeit (Anatman)« und »Leidhaftigkeit (Duhkha)«.

Avalokiteshvara, Skrt., »der Herr, der auf alles herabschaut oder der die Rufe der Welt erhört«. Er ist der →Bodhisattva des Mitgefühls und verkörpert das allumfassende Mitgefühl (→Karuna) mit allen leidenden Wesen. Er trägt auch den Beinamen »Mahakaruna«, das große Erbarmen, einer der wesentlichen Aspekte eines Buddha. Der andere wesentliche Aspekt eines Buddha ist Weisheit (→Prajna) – in besonderer Weise von dem Bodhisattva →Manjushri verkörpert.
Avalokiteshvaras grenzenloses Erbarmen zeigt sich in seiner ständigen Bereitschaft, allen Wesen, die sich in ihrer Not an ihn wenden, zu helfen. Avalokiteshvara wird in Tibet als →Chenresi verehrt, in China als →Kuan-yin und in Japan als →Kannon (auch Kwannon oder Kanzeon).

Avatamsaka-Sutra, Skrt.→Hua-yen

Avidya, Skrt., wörtl.: »Nichtwissen, Nichterkenntnis«. Avidya gilt als die Grundursache für das Gebundensein an den →Samsara – den Kreislauf von Geburt und Tod. Das Nichtwissen ist die Wurzel allen Leidens, denn es ist jene Geistesverfassung, die mit der Wirklichkeit nicht übereinstimmt. Im →Mahayana-Buddhismus wird Avidya als die Nichterkenntnis der Leere (→Shunyata) aller Dinge bezeichnet. Die Nichterkenntnis der trügerischen Natur aller Erscheinungen ist somit die eigentliche Ursache allen Leidens.

Atman, Skrt. Im Hinduismus das unsterbliche wahre Selbst des Menschen. Als absolutes Bewusstsein ist es der unbeteiligte Zuschauer hinter allen Erfahrungen und identisch mit →Brahman.

Bardo, tibet., wörtl.: »Zwischenzustand«, bezieht sich auf den Zwischenzustand zwischen Tod und Wiedergeburt. Die buddhistische Lehre betont sehr stark die richtungsbestimmende Kraft des Geisteszustandes eines Sterbenden (das heißt tugendhaft, nicht tugendhaft oder neutral) und auch die negativen Einflüsse von Gier, Hass und Verblendung während des Bardo selbst.

Bi-yän-lu, chin., wörtl.: »Niederschrift von der smaragdenen Felswand«, jap. Hekigan-roku. Die wichtigste Koan-Sammlung des Zen-Buddhismus (→Zen) neben dem →Mumonkan. Sie wurde im zwölften Jahrhundert von dem chinesischen Zen-Meister Yuän-wu, einem der bedeutendsten Meister in der Geschichte des Zen, herausgegeben. Es handelt sich hierbei um eine Sammlung von 100 →Koans, die, mit zusätzlichen Texten versehen, zu den Höhepunkten der gesamten Zen-Literatur gehören.

Bodhi, Skrt., wörtl.: »Erwachen, Erleuchtung«. →Satori

Bodhichitta, Skrt., »Erleuchtungsgeist«, das Bestreben, Erleuchtung zum Wohl aller Wesen zu erlangen, um sie aus dem Leid zu befreien. Auch der direkte Ausdruck des erwachten Geistes selbst.

Bodhidharma, Skrt., (jap. Daruma, chin. Ta-mo). Der 28. Patriarch nach → Buddha Shakyamuni in Indien und der erste chinesische Patriarch des Zen. Da er aus dem für Chinesen westlich gelegenen Indien kam, wurde er auch »der Barbar aus dem Westen« genannt. Bodhidharma ist eine geheimnisumwitterte Gestalt des Zen, und es sind sehr wenige

Einzelheiten über ihn bekannt. Er ist das Symbol einiger Zen-Merkmale und Gegenstand der in den → Mondos immer wiederkehrenden Frage: »Was ist der Sinn dessen, dass Bodhidharma aus dem Westen gekommen ist?« Die Frage heißt so viel wie: Was ist die höchste Wahrheit? Was ist mein wahres Sein? Wer bin ich? Was ist der Sinn des innersten Wesens des Zen? Die Frage »Warum ist Bodhidharma aus dem Westen gekommen?« hat über zweihundert Antworten im Zen erhalten. Hier einige Beispiele:
Ein Mönch fragte Hsiang-lin: »Mit welcher Absicht kam Bodhidharma aus dem Westen?« Hsiang-lin erwiderte: »Allzu langes Sitzen macht einen ganz erschöpft.«
Auf dieselbe Frage antwortete Chiu Feng: »Ein Zoll eines Schildkrötenhaars wiegt neun Pfund.«
Und die Antwort Tung Shans gegenüber Lung Ya war: »Ich werde es dir sagen, sobald der Gebirgsbach aufwärts fließt.«

Bodhisattva, Skrt., wörtl.: »Erleuchtungswesen«. Ein Mensch, der nach dem Erreichen der Erleuchtung (→Satori) sein Leben in den Dienst anderer Menschen stellt, um ihnen zur Befreiung zu verhelfen. Die Bezeichnung Bodhisattva wird auch oft für einen zukünftigen →Buddha angewandt.

Brahman, Skrt., das eine, ewige, alles durchdringende Absolute, Ursprung und Träger des ganzen Universums. Die Philosophie des Vedanta (→Advaita-Vedanta) lehrt, dass Brahman – das überpersonelle Absolute – und →Atman – das wahre Selbst in allen Wesen – eins sind. Brahman, die allein seiende Wirklichkeit, ist die Essenz und das Selbst (Atman) allen Seins.
Das Viveka-Chudamani, eine der bedeutendsten Schriften des Advaita-Vedanta, sagt: »Atman ist eins mit Brahman. Dies ist die höchste Wahrheit: Brahman allein ist wirklich. Es gibt nichts anderes als ihn. Wenn er als die höchste Wirklichkeit erkannt ist, existiert nichts anderes als Brahman.«
Die Erkenntnis, dass Brahman und Atman eins sind, gilt als das höchste Ziel, weil sie Befreiung von dem Gebundensein an den →Samsara, den Kreislauf von Geburt und Tod, bringt.

Buddha, Skrt., wörtl.: »der Erwachte«. 1. Der historische Buddha Shakyamuni, der ca. 563 v. Chr. in Indien geboren wurde. 2. Ein Mensch, der die zur Befreiung aus dem Kreislauf von Geburt und Tod (→Samsara) führende vollkommene Erleuchtung (→Satori) verwirklicht hat. 3. Die letzte Wahrheit, das wahre Wesen allen Seins.

Buddha-Dharma, Skrt. (jap. Buppo), das »Buddha-Gesetz«. Die Lehre des historischen Buddha Shakyamuni. Im →Zen bezeichnet Buddha-Dharma jedoch nicht die Lehre, die durch Worte vermittelt werden kann, sondern die dem unterscheidenden, begrifflichen Denken unzugängliche höchste Wahrheit. Es ist jene essentielle Wahrheit, die zu Buddhas Lehre führte und die nur in einem unmittelbaren Begreifen, in der Erleuchtungserfahrung (→Satori), erfasst werden kann.

Buddha-Natur, Skrt., »Buddhata«, die wahre Natur aller Wesen. Sie ermöglicht dem Menschen, Erleuchtung (→Satori) zu erlangen.

Chakra, Skrt. →Kundalini

Chan, chin. für →Zen (jap.)

Chenresi, tibet., wörtl.: der »Herr, der seinen Blick nicht vom Leiden abwendet«. Die tibetische Form des →Bodhisattvas →Avalokiteshvara. Ihm ist das in Tibet am meisten rezitierte →Mantra →OM MANI PADME HUM gewidmet.

Daigo-Tettei, jap., wörtl.: »Großes →Satori, das bis zum Boden reicht«. Höchste vollkommene Erleuchtung. Eines seiner wesentlichen Merkmale ist das Erleben der leeren Weite und die Aufhebung aller Gegensätzlichkeit mit dem Zunichtewerden des kleinen Ichs. Weiterhin das Erlebnis, dass das ganze Universum und der Selbst-Geist vollkommen identisch sind.

Daseinsfaktoren →Skandha

Dharma, Skrt., ein Begriff mit unterschiedlicher Bedeutung. Die Lehren des →Buddha. Die universelle Ordnung und ihre Gesetzmäßigkeit. In diesem Buch hauptsächlich im Sinne der Lehre des →Zen gebraucht.

Dharmakaya, Skrt., »Körper der großen Ordnung«. Das unbeschreibbare wahre Wesen der →Buddhas, zugleich das Wesen des Universums.

Dorje, tib., »Diamant«. →Vajra

Dzogchen, tibet.→Mahamudra

Erleuchtung →Satori, →Bodhi

Erleuchtungsgeist →Bodhichitta

Großer Tod →Satori

Hara, jap., wörtl.: »Bauch, Unterleib«. Dieser im →Zen gebräuchliche Begriff bezeichnet den etwa drei Fingerbreit unterhalb des Bauchnabels befindlichen Bereich als die Mitte allen Seins. Es ist die Mitte des Menschen und zugleich der Mittelpunkt des Universums. Durch die Praxis des →Zazen und die richtige Atmung entsteht in diesem Zentrum große Energie und Kraft. Als das Zentrum der Energie ist Hara im Zen der Ausgangspunkt aller Aktivität (etwa im Sinne von »aus dem Bauch handeln«, aber im Zen doch noch viel weiter gehend).

Hinayana, Skrt., »kleines Fahrzeug«. Älteste Schule der beiden Hauptrichtungen des Buddhismus. Die ursprünglich abfällige Bezeichnung »kleines Fahrzeug« stammt von den Vertretern des späteren →Mahayana-Buddhismus.
Das Bestreben der Hinayana-Buddhisten ist vorwiegend auf die Erlangung der eigenen Befreiung aus dem →Samsara, dem Kreislauf von Geburt und Tod, ausgerichtet. Der Befreiung anderer Wesen aus dem Leidensmeer des Samsara wird dabei

wenig Beachtung geschenkt. In dem Rettungsboot des kleinen Fahrzeugs ist nur Platz für eine Person. Das Hinayana wird als die erste, niedere Stufe von Buddhas Lehre angesehen. Erst später offenbarte →Buddha die vollkommene Lehre des Mahayana.

Hishiryo, jap., wörtl.: »das dem Denken Unermessliche«. Zen-Ausdruck für die → Erleuchtung, die sich jedem gedanklichen, begrifflichen Verstehen entzieht und somit das Denken übersteigt.

Ho!, chin. Dieser kraftvolle, laute Schrei dient Zen-Meistern oft als schockartiges Ausdrucksmittel, um das fixierte, unterscheidende Denken des Schülers zu sprengen.

Hua-yen, chin., (jap. Kegon, Skrt. Avatamsaka), wörtl.: »Blumenschmuck« oder »Girlande«; ursprünglich der Name eines umfangreichen →Mahayana-Textes. Das Hua-yen wird von vielen chinesischen und japanischen Buddhisten als die Krone aller buddhistischen Lehren und als die Vollendung buddhistischen Denkens und Erkennens betrachtet.
Hua-yen ist die Lehre des ganzheitlichen Seins und zugleich eine Synthese aller wesentlichen Gedanken

des Mahayana. Im Hua-yen wird der universelle Eine Geist mit einer grenzenlosen Meeresoberfläche verglichen, in der alle Dinge und Ereignisse in einem gegenseitigen Durchdringen ein allumfassendes Ganzes sind, das alles in sich beschlossen hält. Alles befindet sich in vollkommener Harmonie miteinander, denn alles ist die Manifestation des einen Prinzips – ähnlich den Wellen auf dem Meer. Alles im Universum, ob belebt oder unbelebt, ist somit der Eine Geist, neben dem nichts anderes existiert.

Ishin-Denshin, jap., wörtl.: »den Geist durch den Geist übermitteln«. Ein wesentlicher Begriff des →Zen, oft auch übersetzt mit »Übertragung von Herz-Geist zu Herz-Geist«. Der Begriff stammt aus dem Plattform-Sutra des sechsten Patriarchen Hui-neng. In diesem →Sutra erklärt Hui-neng, dass die Wahrheit des Zen nur durch eigene Erfahrung in einem unmittelbaren Verstehen der wahren Natur möglich ist. Gelehrsamkeit durch Buchwissen ist wertlos – daher auch das Zerreißen der Sutras bei Hui-neng. Zen-Meister Huang-po sagt: »Es gibt kein Verständnis durch Worte, sondern nur eine Übertragung von Geist zu Geist.«

Joriki, jap. Die durch Zen-Meditation (→Zazen) erworbene Kraft der Konzentration.

Kannon, Kanzeon oder auch Kwannon, jap. für den →Bodhisattva →Avalokiteshvara.

Karma, Skrt., wörtl.: »Handlung oder Tat«. Das Gesetz von Ursache und Wirkung, nach dem alle Gedanken und Handlungen eine entsprechende Wirkung nach sich ziehen. Hierdurch bestimmen wir die Qualität unseres eigenen Lebens und beeinflussen das Leben anderer.

Karuna, Skrt., wörtl.: »Mitgefühl«, allumfassendes Mitgefühl. Eine der beiden Hauptttugenden im →Mahayana-Buddhismus; die andere ist →Prajna. (→Avalokiteshvara)

Kensho, jap., Selbst-Wesensschau. →Satori

Kinhin, jap., Übung der Geh-Meditation, wird in der Regel zehn bis fünfzehn Minuten zwischen den einzelnen →Zazen-Sitzzeiten praktiziert.
Im traditionellen →Rinzai-Zen ist der Laufschritt schnell und zügig, im →Soto-Zen hingegen sehr langsam. Einige zeitgenössische Zen-Meister geben oft ein

mittleres, zwischen diesen beiden Gangarten liegendes Tempo vor.

Koan, jap., wörtl.: »öffentlicher Aushang« (chin. Kung-an). Im →Zen die Bezeichnung für eine paradoxe Aussage eines Zen-Meisters, die auf die letztendliche Wahrheit verweist. Ein Koan soll dem Schüler des Zen dazu verhelfen, das unterscheidende, dualistische Denken zu überwinden, um die Wahrheit jenseits allen Denkens zu erfahren.
Koans spielen eine wichtige Rolle in der Zen-Schulung. Ein Koan enthält eine Frage, auf die es für den Verstand keine Antwort gibt. Um es zu lösen, bedarf es einer höheren Intuition (→Prajna). Ein Koan ist jedoch alles andere als ein Rätsel, da es an den Schüler die Anforderung stellt, jegliches Sich-Stützen auf eine normale Weise des Verstehens aufzugeben. Die Antwort liegt außerhalb der Logik und soll dem Schüler zum Durchbruch, zur erleuchteten Klarschau des Geistes (→Satori) verhelfen.
Das hervorstechende Merkmal bei allen Koans ist das Alogische, das Widersinnige der Worte oder der Handlung. Liest man die aus dem Geist des Zen gesprochenen Antworten der alten Zen-Meister auf die Fragen ihrer Schüler, ist man verwirrt und fragt sich, was die Antwort eigentlich mit der Frage zu tun hat.

Hierzu muss gesagt werden, dass es sich bei diesen Äußerungen der Zen-Meister nicht um eine begriffliche oder intellektuelle Feststellung innerhalb unserer gewohnten Grenzen eines logischen Dualismus handelt. Vielmehr haben wir es hier mit dem Ausdruck einer gewaltigen Erfahrung von solch allumfassender Universalität zu tun, dass in ihr alle Schranken von Raum und Zeit und alle Begrenzungen einer verbalen Vermittlung überschritten werden.

Kreislauf von Geburt und Tod →Samsara

Kuan-yin, chin. für →Avalokiteshvara

Kundalini, Skrt., »Schlangenkraft«. Die in jedem Menschen im Muladhara-Chakra am unteren Ende der Wirbelsäule ruhende spirituelle Energie. Wird sie erweckt, steigt sie die Wirbelsäule hinauf und durchdringt die einzelnen Chakras (Zentren subtiler, feinstofflicher Energie), bis sie den tausendblättrigen Lotus des Sahasrara-Chakra über dem Scheitelpunkt des Kopfes erreicht. Dort, im siebten Zentrum außerhalb des grobstofflichen Körpers, vereinigt sich diese kosmische Energie schließlich mit dem Göttlichen.

Leere, Leerheit →Shunyata

Lila, Skrt., wörtl.: »Spiel«. Im Hinduismus ist Lila das göttliche Spiel in der Erscheinungswelt. Die gesamte Schöpfung wird als das Spiel Gottes bezeichnet.

Mahamudra, Skrt., »Großes Symbol«. Hauptsächliche Lehre der Kagyü-Schule des tibetischen →Vajrayana-Buddhismus. Mahamudra wird auch als das »Große Siegel« übersetzt. Hierdurch wird die Bedeutung der Endgültigkeit, wie bei einem Siegel, zum Ausdruck gebracht. Ähnlich wie bei der Dzogchen-Praxis (→Dzogchen) in der Nyingma-Linie geht es bei der Mahamudra-Praxis darum, die Licht-Natur des Geistes direkt zu erkennen und so zur Erleuchtung (→Satori) zu gelangen.

Mahayana, Skrt., wörtl.: »Großes Fahrzeug«, im Gegensatz zur früheren orthodoxen Schulrichtung des →Hinayana. Der Mahayana-Buddhismus misst dem allumfassenden Mitgefühl (→Karuna) und dem Wunsch, allen Wesen zur Befreiung zu verhelfen, eine größere Bedeutung zu als der Enthaltsamkeit. Das Mahayana bezieht auch die helfende Kraft der →Buddhas und →Bodhisattvas mit ein.

Mahayana-Buddhismus, Mahayana-Lehre→Mahayana

Maitri, Skrt., wörtl.: »Güte und Erbarmen«. Eine der Haupttugenden im Buddhismus. Es ist die von allen Anhaftungen freie, großzügige Güte gegenüber allen Wesen.

Maitreya, Skrt. (jap. Miroku), wörtl.: »Der All-Liebende«. Einer der fünf irdischen→Buddhas, die Verkörperung der allumfassenden Liebe. Als letzter irdischer Buddha wird dieser sich zurzeit im Tushita-Himmel aufhaltende Buddha von den Mahayana-Buddhisten als kommender Weltenlehrer in etwa dreißigtausend Jahren erwartet.

Maitri-Karuna, wörtl.: »Güte und Mitgefühl«. Grundlegende Geisteshaltung eines →Bodhisattva, die in seinem Wunsch, alle Wesen zur Befreiung zu führen, zum Ausdruck kommt.

Makyo, jap., etwa: »teuflische Phänomene«, trügerische, ablenkende Erscheinungen und Empfindungen, die bei der Zen-Meditation (→Zazen) auftreten können. Makyos können in sehr unterschiedlicher Weise auftreten; als schöne Klänge, Gerüche, Gesichter, prophetische Visionen, manchmal auch als

Levitation. Makyos sind jedoch durchaus harmlos, solange der Zazen-Praktizierende ihnen keine Beachtung schenkt und in seiner Übung unbeirrt fortfährt.

Manjushri, Skrt. (jap. Monju), wörtl.: »Der edel und sanft ist«. Einer der bedeutendsten →Bodhisattvas im →Mahayana-Buddhismus. Manjushri ist die Verkörperung der Weisheit. Er wird meistens mit seinem Schwert der Weisheit beim Durchschlagen der Unwissenheit dargestellt. Seine tantrische, zornvolle Erscheinung ist die des stierköpfigen Yamantaka, des Bezwingers des Todes.

Mantra, Skrt., eine mit spiritueller Kraft geladene Silbe oder eine Reihe von Silben, die der Praktizierende verbal oder im Geist rezitiert. Die ständige Wiederholung eines Mantras führt über die Läuterung des Denkens zur Verwirklichung des wahren Wesens. Ein Mantra ist jedoch nur dann mit transformierender Macht ausgestattet, wenn man es persönlich – direkt vom Meister – erhalten hat (→OM MANI PADME HUM).

Mara, Skrt., Pali, wörtl.: »Mörder, Zerstörer (des Lebens)«. Mara ist die Verkörperung der Hindernisse auf dem Weg zur Befreiung. Als der Versucher und die Erscheinungsweise des Unheilsamen kann man ihn mit dem christlichen Teufel, dem »Vater der Lüge«, vergleichen. Als Maras Gehilfinnen gelten seine drei Töchter: Rati, die Lust, Avati, die Unzufriedenheit, und Tanha, die Gier. Außerdem steht Mara ein ganzes Heer von Dämonen zur Seite.

Maya, Skrt., wörtl.: »Illusion, Schein, Täuschung«. In der Vedanta-Philosophie (→Vedanta) ist Maya die Macht der großen Illusion. Sie verschleiert dem Menschen die Sicht, so dass er die letzte Wirklichkeit →Brahman nicht erkennen kann. Shankara bringt Maya mit →Avidya, dem Nichtwissen in Verbindung. Das Nichtwissen, das heißt das Nichterkennen der letzten Realität Brahman, bringt durch Verschleierung die Wahnvorstellung einer äußeren Erscheinungswelt in Raum und Zeit hervor.
Der →Mahayana-Buddhismus bezeichnet Maya als eine Täuschung oder Illusion, so wie ein von einer Fata Morgana erzeugtes Trugbild. Die einzelnen Dinge sind bedingt und haben keine Existenz aus sich selbst, sie sind letztlich leer (→Shunyata) und reine Vorstellung.

Ming-Dynastie, chinesische Zeitepoche, 1368-1644

Mondo, jap., »Frage-Antwort« (chin. »Wen-ta«), ein Zwiegespräch zwischen Zen-Meister und Schüler, oft aber auch nur zwischen Meistern. Auf eine die buddhistische Wahrheit oder ein existentielles Problem betreffende Frage erhält der Schüler meistens eine paradoxe Antwort (→Koan), die sich vom Verstand nicht einordnen lässt. Die Absicht, die dahinter liegt, ist, die Schranken des unterscheidenden, begrifflichen Denkens zu sprengen, so dass der Schüler eine Antwort aus seinem innersten Herz-Geist erhalten kann.
Ein sehr bekanntes Mondo ist: Ein Zen-Mönch fragte Zen-Meister Joshu: »Was ist der Sinn dessen, dass der erste Patriarch aus dem Westen gekommen ist?« Joshu sagte: »Die Zypresse im Hof.«

Mu, jap. (chin. Wu), wörtl.: »Nichts, Nicht-Sein, ist nicht, hat nicht, un-, kein«. Einer der zentralen Begriffe des →Zen und des →Taoismus. Er bezeichnet das vollkommene Freisein von allen Identifikationen und Anhaftungen und steht auch für die Verwirklichung der Leere (→Shunyata). In der bekannten Koan-Sammlung des →Mumonkan begegnen wir dem »Mu« im ersten Beispiel »Joshus Hund«, im Zen wird es auch »das →Koan Mu« genannt: »Ein Mönch fragte Meister Joshu ehrerbietig: ›Hat ein

Hund die Buddha-Natur oder nicht?‹ Joshu antwortete: ›Mu‹«.

Joshus Antwort lautet ganz einfach »Nichts« – das soll jedoch nicht heißen, dass ein Hund die →Buddha-Natur nicht habe. Joshu wusste natürlich genauso gut wie der Mönch, dass alle Wesen, ohne Ausnahme, die Buddha-Natur haben, deshalb dürfen wir Joshus »MU« keinesfalls als Verneinung auffassen.

Es ging ihm nur darum, den Mönch davon abzubringen, durch rationales Denken die Wahrheit des Zen verstehen zu wollen.

Er sollte vielmehr nach einem höheren, »jenseits von Bejahung und Verneinung« stehenden Erfassen jener Wirklichkeit streben, in der sich alle Widersprüche von selbst lösen.

Das Wesentliche in der Beschäftigung mit einem →Koan ist, dass der Zen-Übende jenen hellklaren Bewusstseinszustand erlangt, aus dem heraus die Worte gesprochen wurden und den logische Analyse niemals erreichen kann. Erst wenn der Geist des Schülers so weit gereift ist, dass er vollkommen gleichgestimmt ist mit dem Geist des Meisters, der ihm das Koan gab, enthüllt sich ihm die tiefe Wahrheit, die im Koan verborgen war. (Siehe auch → Koan)

Mudra, Skrt., spezielle Handhaltung mit symbolischer Bedeutung.

Mumonkan, jap., wörtl.: »Die torlose Schranke«. Neben dem →Bi-yän-lu die bedeutendste Koan-Sammlung des Zen-Buddhismus (→Zen). Es enthält eine Sammlung von 48 →Koans, zusammengestellt und mit kurzen Zen-Darlegungen versehen von Zen-Meister Mumon (13. Jh.).

Munen, jap. (chin. Wu-nien); »Nicht-Denken, Nicht-Bewusstsein«. Munen und → Mushin bilden zusammen einen der zentralen Gedanken des Zen.

Mushin, jap. (chin. Wu-hsin); »Nicht-Geist, Nicht-Bewusstsein, Abgeschiedenheit des Geistes«. Eine vollkommen absichtslose, natürliche Geistesverfassung jenseits allen Denkens.
Mushin und → Munen (chin. Wu-nien) bilden zusammen einen der zentralen Gedanken des Zen.
Mushin bedeutet im Zen nicht Unwissenheit oder geistige Stumpfheit. Es bedeutet vielmehr, dass der Geist so in sich gefestigt ist, dass er von äußeren Umständen, welcher Art auch immer, nicht beunruhigt wird. Es bedeutet, dass der Geist in jeder Situation klar und frei bleibt und bei nichts verweilt, noch

nicht einmal beim Gedanken des Nicht-Denkens.

Mushotoku, jap., ohne Ziel und Streben nach Gewinn.

Nembutsu, jap. (chin. Nien-fo), Anrufung des Namens von →Buddha →Amitabha. Die wesentliche Meditationsform der buddhistischen Schule des Reinen Landes (→»Reines Land«-Schule). Die rezitierte Anrufung lautet: »Namu Amida Butsu« (jap. für »Verehrung dem Buddha Amitabha«). Das im vollkommenen Vertrauen und mit absoluter Hingabe rezitierte Nembutsu führt zur Wiedergeburt im →Sukhavati, dem westlichen Paradies des Buddha Amitabha.

Nicht-Geist → Mushin

Nirvana, Skrt., wörtl.: »Verlöschen«. Der Zustand vollkommener Befreiung (→Erleuchtung) im Gegensatz zu →Samsara, dem Gebundensein an den Kreislauf von Geburt und Tod.
Der Zen-Buddhismus (→Zen) sieht Nirvana nicht als getrennt von der Welt, sondern als einen Bewusstseinszustand, in dem der Mensch sein wahres Wesen verwirklicht und somit das Leiden überwindet.

OM, altindisches heiliges Symbol. Es ist eines der wichtigsten →Mantras im →tantrischen Buddhismus, das im ganzen Osten verbreitet ist. Es bezeichnet die allumfassende, alles durchdringende Gegenwart des Absoluten im Universum. Es ist der heilige Urklang, der allgemein den Anfang und die Essenz des gesamten Kosmos als Schwingung wiedergibt. (siehe auch →Mantra und →OM MANI PADME HUM)

OM MANI PADME HUM, Skrt., wörtl.: »→OM, Juwel (im) Lotus, HUM«. Anrufungsformel für den →Bodhisattva →Avalokiteshvara. »OM« und »HUM« kennzeichnen in diesem →Mantra den Anfang und das Ende und symbolisieren die Totalität. Die Bedeutung von »Juwel im Lotus« bezieht sich auf die Gleichsetzung des Juwels mit dem Erleuchtungsgeist (→Bodhichitta) mit dem Wunsch, ihn im Lotus des Bewusstseins zu erwecken. Die Tibeter wiederholen dieses Mantra ständig, um ihre eigene Hingabe und Verbundenheit mit Avalokiteshvara, dem Bodhisattva des Mitgefühls, zu stärken.

Prajna, Skrt., wörtl.: »Weisheit« (Pali: Panna, jap. Hannya). Im →Mahayana-Buddhismus ist Prajna die intuitiv erlebte Einsicht in die Leere (→Shunyata) aller Erscheinungsformen. Prajna ist eines der wesentlichen Kennzeichen der Buddhaschaft.

Pratitya-Samutpada, Skrt., wörtl. »Entstehen in wechselseitiger Bedingtheit und Abhängigkeit«. Die Lehre von der Kette des bedingten Entstehens ist die Grundlage aller buddhistischen Schulen. Ein tieferes Verständnis des Buddhismus hängt vom Begreifen dieser Lehre ab. Der Pratitya-Samutpada zeigt, dass alle Erscheinungen nur eine empirische Gültigkeit haben und letztlich ohne Wirklichkeit sind. Alle Erscheinungen stehen in einem kausalen bzw. konditionalen Abhängigkeitsverhältnis voneinander und zueinander. Etwas nicht Abhängiges, aus sich selbst Seiendes, lässt sich nicht auffinden.

Reines Land (chin. Ching-tu, jap. Jodo) →Sukhavati

»Reines Land«-Schule →Amitabha

Rinzai-Schule, (chin. Lin-chi-tsung, jap. Rinzai-shu). Neben der →Soto-Schule eine der beiden vorherrschenden Schulen des Zen-Buddhismus (→Zen) in Japan. Das hervorstechende Merkmal des Rinzai ist die systematische Verwendung von →Koans zur Verwirklichung der Erleuchtung (→Satori).

Roshi, jap., wörtl.: »alter, verehrungswürdiger Meister«. Ursprünglich Titel eines Zen-Meisters. In alter Zeit konnte ein Zen-Mönch diesen Titel nur sehr schwer erringen. Er wurde nur jenen verliehen, die anerkanntermaßen den →Buddha-Dharma durch unmittelbare Erfahrung verwirklicht hatten und fähig waren, ihn in den Alltag zu übertragen.
Vollkommene Erleuchtung (→Satori) und eine reife Persönlichkeit mit einem standhaften Charakter waren die notwendige Voraussetzung. Heutzutage sind wirkliche, voll erleuchtete Zen-Meister in Japan äußerst selten anzutreffen. Die Bezeichnung »Roshi« ist heute zu einem allgemeinen Titel eines Zen-Lehrers, egal ob Mönch oder Laie, entwertet worden.
Aus Achtung vor ihrem Alter und ihrer Position werden Mönche oft als »Roshi« angesprochen, so dass diese Bezeichnung heute leer und nichtssagend geworden ist.

Samadhi, Skrt. (jap. Sanmai oder Zanmai), wörtl.: »Festmachen, Fixieren«. Ein Zustand der Absichtslosigkeit und Freiheit von Gedanken. Es ist die durch die Beruhigung der Geistestätigkeit hervorgerufene Sammlung auf ein einziges Objekt. In diesem nicht-dualistischen Bewusstseinszustand wird der Meditierende mit dem Objekt der Medita-

tion vollkommen eins. Jeglicher Dualismus und der Glaube an ein für sich bestehendes, von allem anderen getrenntes Selbst sind im Samadhi überwunden. Dieser von allem Denken freie Bewusstseinszustand des Samadhi ist aber keine Stumpfheit oder Gefühlslosigkeit.
Vielmehr handelt es sich hierbei um das hellklare Gewahrsein des Geistes. Der im Samadhi Versunkene erlebt ein intensives Gefühl von Beseligung psychisch-physischer Natur, das unendlich größer ist als alles, was er zuvor je erlebt hat.

Samantabhadra →Adi-Buddha

Samsara, Skrt., wörtl.: »Wanderung«. Der Kreislauf von Geburt und Tod. Das Ziel aller Buddhisten und Hinduisten ist die Befreiung aus dem Samsara und somit die Überwindung des Leidens.
Es ist die Befreiung aus dem Gebundensein an das Rad von – Geburt, Altern, Verzweiflung, Krankheit, Schmerz und Tod.

Sat-Chit-Ananda, Skrt., wörtl.: »Sein (Sat), Bewusstsein (Chit), Glückseligkeit (Ananda)«. Im →Vedanta bezeichnet dieser Ausdruck die in der Erfahrung der →Erleuchtung erlebte unaussagbare Wirklichkeit des Absoluten, →Brahman, als absolutes Sein, grenzenloses Bewusstsein und Glückseligkeit.

Satori, jap. (chin. Wu). Zen-Begriff für das Erlebnis der Erleuchtung, das heißt des Erwachens. Satori ist weit mehr als ein intuitives Begreifen des wahren Wesens bei einer Kensho-Erfahrung (→Kensho), da derjenige, der Satori erfährt, vollkommen in ihm aufgeht. Satori wird im →Zen als die Wiedergeburt des wahren Selbst beschrieben, nachdem das falsche, illusorische Selbst, der Ich-Wahn, den »Großen Tod« gestorben ist.

Sesshin, jap., wörtl.: »Sammeln des Herz-Geistes«. Mehrtägige intensive Zazen-Sitzungen (→Zazen), unterbrochen von Vorträgen des Meisters und der Möglichkeit zum Einzelgespräch (Dokusan).

Shastra, Skrt., wörtl.: »Lehrbuch, Belehrung«.

Shikantaza, jap., »Nur-Sitzen«. →Soto-Schule

Shoshin, jap., »Anfänger-Geist«. Die zur Zen-Schulung unter einem Meister notwendige wahre Geistesverfassung eines Zen-Schülers. Es ist jene offene Geisteshaltung, in der der Schüler erkennt, dass er nichts weiß. Es ist die unbedingte Voraussetzung zum Loslassen all dessen, was Sinne und Verstand zu fassen vermögen.

Shunyata, Skrt. (jap. Ku), wörtl.: »Leere, Leerheit«. Der Mahayana-Lehre zufolge besitzen alle Dinge keine selbstständige, dauerhafte Substanz. Alle Dinge sind leer und somit ohne Selbstnatur. Die Shunyata-Lehre ist eines der grundlegenden Merkmale des gesamten→Mahayana-Buddhismus und somit auch des →Zen. Sie ist sehr subtil und in Worten nicht aussagbar. Obwohl eine sehr umfangreiche Literatur dieses Thema behandelt, wird Shunyata nur dem wirklich voll begreiflich sein, der sie selbst in der Erleuchtungserfahrung (→Satori) erlebt hat.

Skandha, Skrt. (Pali: Khandha), »Gruppe, Anhäufung«. Im Buddhismus die fünf Gruppen, aus denen sich das, was man allgemein als die menschliche Persönlichkeit bezeichnet, zusammensetzt:
Körperlichkeitsgruppe (Rupa)
Empfindungsgruppe (Vedana)
Wahrnehmungsgruppe (Samjna)
Geistesregungen, psychische Formkräfte (Samskara)
Bewusstsein (Vijnana)

Das, was wir im Allgemeinen als unsere Persönlichkeit bezeichnen, ist in Wirklichkeit nichts weiter als ein bloßer Prozess dieser psychisch-physischen Phänomene, das heißt: Sie ist nichts weiter als eine Summe unpersönlicher Daseinsfaktoren.

Soto-Schule, (chin. Tsao-tung-tsung, jap. Soto-shu). Neben der →Rinzai-Schule eine der beiden vorherrschenden Schulen des Zen-Buddhismus (→Zen) in Japan. Das Soto benutzt im Gegensatz zum Rinzai keine →Koans als Hilfsmittel, sondern praktiziert ein Zen des ausschließlichen Nur-Sitzens →Shikantaza, wörtl.: »nichts als sitzen«. Wegen seines Beharrens auf der Gleichsetzung des →Zazen mit der Erleuchtung (→Satori) wurde das Soto auch »stilles Erleuchtungs-Zen« genannt.

Sukhavati, Skrt., »das Glückvolle«, das westliche Paradies, das von →Buddha →Amitabha regiert wird. Eine Wiedergeburt im Sukhavati-Paradies bewirkt, dass man nicht mehr in eine Wiedergeburt in andere Bereiche zurückfallen kann (→Nembutsu).

Sung-Dynastie, chinesische Epoche, 960-1278

Sutra, Skrt., wörtl.: »Leitfaden«. Sutras sind die

wichtigsten Texte des Buddhismus. Die meisten Sutras sind Lehrreden →Buddhas. Im →Mahayana-Buddhismus wurden später viele zusätzliche Sutras verfasst und als autoritativ angesehen. Ihre Entstehungszeit liegt zwischen dem 1. Jh. v. Chr. und dem 6. Jh. n. Chr.

Tang-Dynastie, chinesische Epoche, 618-906; Zeit der Hochblüte des Zen-Buddhismus (→Zen).

Tantrayana →Vajrayana

Tantrischer Buddhismus →Vajrayana

Tao, chin., wörtl.: »Weg«, zentraler Begriff des →Taoismus. Das Tao ist das Absolute, das grundlegende Prinzip; die letztendliche Wahrheit. Das Tao bildet den Mittelpunkt von Lao-tses →Tao Te King und der Lehre des Chuang-tse.
Das Ziel aller Taoisten ist, im Einklang mit dem Tao zu leben. Verstandesmäßige Erkenntnis ist nicht ausreichend, es geht vielmehr darum, die Einheit, Einfachheit und →Leerheit des Tao zu verwirklichen. »Absichtsloses Handeln«, →Wu-wei, wörtl.: Nicht-Tun, gilt als die wesentliche Geisteshaltung eines Taoisten.

Taoismus, es gibt zwei Hauptströmungen des Taoismus – die philosophische: Tao-chia und die religiöse: Tao-chiao. Tao-chia geht auf den taoistischen Meister Lao-tse und sein Buch, das →Tao Te King zurück. Absichtsloses Handeln im Einklang mit dem →Tao gilt hier als das höchste Ideal. Der religiöse Taoismus hingegen hat die physische Unsterblichkeit zum Ziel. Es soll erreicht werden mittels Atemübungen, körperlichen Übungen und bestimmten sexuellen Praktiken.

Tao Te King, chin., wörtl.: »Das Buch vom Tao und der wahren Tugend«. Ein dem taoistischen Altmeister Lao-tse zugeschriebenes Werk aus dem 6. Jh. v. Chr. Es besteht aus fünftausend Schriftzeichen und wird deshalb auch »Das Buch der fünftausend Zeichen« genannt. Als das Grundlagenwerk des →Taoismus ist das Tao Te King zugleich eines der bedeutendsten und meistübersetzten Bücher der Weltliteratur; deutsche Übersetzung: Zensho W. Kopp, Lao-tse, Tao Te King, tao.de Verlag 2014.
Verborgen und geheimnisvoll wie das →Tao, von dem er spricht, muss uns auch der Verfasser des Tao Te King erscheinen. Lao-tse soll ein sehr hohes Alter von über hundert Jahren erreicht haben. Er lebte in Tschou, doch als er sah, dass Tschou im Verfall

begriffen war, ging er fort. Am Grenzpass angekommen, traf er auf den Grenzwächter Yin-Hsi, der den Meister erkannte und ihn bat, doch etwas Schriftliches zurückzulassen.
Darauf schrieb Lao-tse sein Buch, das Tao Te King, in dem er seine Gedanken vom Tao und der wahren Tugend ausdrückte. Danach zog er auf einem Wasserbüffel reitend von dannen. Niemand weiß, wo er geendet.
Das Tao Te King lehrt uns, dem »Weg des Himmels« zu folgen, das Nicht-Tun →Wu-wei zu üben und so die Kraft der wahren Tugend in uns wirken zu lassen. Denn der Himmel ist ohne Tun und wirkt doch alle Dinge, Wei-wu-wei, wörtl.: Tun das Nicht-Tun. Der Mensch, der so im Einklang mit dem harmonischen Wandel des Himmels steht, wird zu einer Offenbarung des Tao inmitten der Welt und erlangt über den Tod hinaus Unsterblichkeit.

Tathata, Skrt., »Soheit, So-Sein; das, was ist«. Ein zentraler Begriff des →Mahayana-Buddhismus. Er bezeichnet das Absolute, die wahre Natur aller Dinge. Tathata liegt jenseits aller dualistischen Begriffe, es ist unveränderlich und das Gegenteil vom Scheinbaren der Phänomene. Als das So-Sein aller Dinge ist es formlos, ungeschaffen und ohne Selbstnatur.

Tathagata, Skrt., wörtl.: »Der So-Gegangene (So-Dahingelangte, So-Gekommene)«. Diese Bezeichnung soll als Würdetitel die Identität Buddhas als vollkommenes Wesen zum Ausdruck bringen. Als vollkommen erleuchteter →Buddha wirkt er als Vermittler zwischen dem Absoluten und der phänomenalen Welt.

Te, chin., wörtl.: »Tugend, Kraft«. Die Wirkkraft des →Tao, wie sie sich im Menschen, der im Einklang mit dem Tao lebt, offenbart, nennt Lao-tse in seinem →Tao Te King: »Te«, die wahre Tugend. Es ist das, was man als spontanes Gelebtwerden durch das Tao bezeichnen kann.

Tibetischer Buddhismus →Vajrayana

Upanishaden, Skrt.: Upanishad, wörtl.: »in der Nähe sitzen«, das heißt, in der Nähe des Meisters sitzen, um die geheime Lehre zu empfangen. Die Upanishaden sind eine Gattung von Texten, die den Schlussteil des Veda bilden und sind die grundlegende Basis des →Advaita-Vedanta. Sie behandeln die letzte Wahrheit und gehören zu den heiligen Offenbarungsschriften des Hinduismus.

Vajrayana, Skrt., wörtl.: »Diamant-Fahrzeug«, oft als tantrischer Buddhismus und auch als tibetischer Buddhismus bezeichnet. Im Vajrayana arbeitet der Praktizierende schöpferisch mit der ihm von seinem Meister gegebenen Imagination. Dies geschieht, indem er sich mittels →Mantra und Visualisation mit seinem →Yidam – der bildhaften besonderen Erscheinungsweise eines →Buddha – identifiziert. Aus diesem Grund spielen Buddhastatuen, Mandalas und Thankas (ikonographische Abbildungen) als Gedächtnisstütze zur Visualisierung im tantrischen Buddhismus eine große Rolle.

Vajra, Skrt. (tib.: Dorje); »Diamant«, Diamantzepter. Symbol für die Unzerstörbarkeit der Leere (→Shunyata) als das wahre Wesen und die Essenz alles Seienden.

Vajrayana-Buddhismus →Vajrayana

Vedanta, Skrt. →Advaita-Vedanta

Wu, chin., wörtl.: »Nichts, Nicht-Sein« →Mu

Wu-hsin, chin. →Mushin

Wu-nien, chin. →Munen

Wu-wei, chin., wörtl.: »Nicht-Tun«, im Sinne von »absichtslosem Handeln«. Dieser taoistische Begriff ist aber nicht mit einem passiven Nichtstun zu verwechseln. Vielmehr meint Wu-wei die Geisteshaltung des Nicht-Eingreifens in den natürlichen Lauf der Dinge. In Wirklichkeit ist Wu-wei eine im höchsten Grade wirksame Geistesverfassung, aus der jede Aktion zu jeder Zeit möglich ist. Indem der taoistische Weise das Nicht-Tun lebt, steht er im Einklang mit dem →Tao, dessen universelle Wirkkraft gerade durch seine Aktionslosigkeit zur Geltung kommt.
Und so sagt der taoistische Altmeister Lao-tse in seinem →Tao Te King: »Das Tao ist ewig ohne Tun, doch nichts bleibt ungetan.«
Es handelt sich beim Wu-wei also um ein schöpferisches Nicht-Handeln, ein tatenloses Tun, dem die Geisteshaltung des Nicht-Eingreifens mit dem Mut des Geschehenlassens zugrunde liegt. Das Wu-wei übersteigt die beiden Extreme: rastlose Geschäftigkeit und absolutes Nichtstun. Es ist ein Nicht-Tun des Nichtigen, welches zugleich ein Wirkenlassen des Notwendigen ist.

Yamantaka, Skrt. →Manjushri

Yidam, Skrt. →Vajrayana

Zanmai, jap. →Samadhi

Zazen, jap. (chin. Tsao-chan), wörtl.: »Sitzen in Versunkenheit«, die im →Zen übliche Praxis der Meditation. Als die zentrale Praxis des Zen wird Zazen von allen großen Meistern des Zen als die unentbehrliche und grundlegende Übung angesehen. Zazen ist das inhaltsfreie, auf kein Objekt gerichtete Verweilen des Geistes in einem Zustand hellklarer Achtsamkeit.

Zen, jap., eine Abkürzung von »Zenna«, die jap. Lesart des chinesischen channa (Kurzform chan), das wiederum eine Übertragung des Sanskritwortes Dhyana ist. Der Zen-Buddhismus entwickelte sich im 6. und 7. Jahrhundert in China durch Bodhidharmas Übermittlung des indischen Dhyana-Buddhismus und dessen Verbindung mit dem chinesischen →Taoismus. Charakteristisch für das Zen ist seine besonders starke Ausrichtung auf die Erleuchtungserfahrung (→Satori).
Wesentlich im Zen ist auch die durch Meditation (→Zazen) herbeigeführte Entwicklung zum intuitiven Begreifen anstelle eines intellektuellen Studiums.

Im 9. Jahrhundert entwickelten die chinesischen Zen-Meister eine neue Lehrmethode. Die Meister wendeten nun paradoxe Aussagen (→Koan) an, um ihren Schülern das Verständnis der Wahrheit jenseits des unterscheidenden, begrifflichen Denkens zu ermöglichen. Hierbei griffen sie auch oft zu handgreiflichen Methoden wie Schlagen, Treten oder Schreien, um das Auge der Erleuchtung ihrer Schüler zu öffnen. Ab dem 12. Jahrhundert forderten die Zen-Meister ihre Schüler auf, sich so lange auf ein Koan zu konzentrieren, bis sie zur Erleuchtung gelangten.
Die zwei wesentlichen Schulrichtungen des Zen sind Rinzai- und Soto-Zen. Rinzai zeichnet sich durch die Koan-Praxis aus, während Soto mehr die Bedeutung der Meditation im Sitzen (→Zazen) betont. Die wesentlichen Merkmale des Zen wurden in der frühen →Tang-Dynastie in vier kurze chinesische Sätze zusammengefasst:

1. Übertragung außerhalb der orthodoxen Lehre
2. Unabhängigkeit von heiligen Schriften
3. Direktes Deuten auf den Herz-Geist
4. Schau in die eigene Natur und Erlangen der Buddhaschaft

Kontaktadresse

ZEN-ZENTRUM
TAO 道禪 CHAN

Tao Chan Zentrum e.V.
Gemeinnütziger Verein
Wiesbaden

Das Zen-Zentrum Tao Chan steht unter persönlicher Leitung von Zen-Meister Zensho W. Kopp.
In den vielen Jahren seines Wirkens als spiritueller Meister hat sich eine große Gemeinschaft von Schülern um ihn gesammelt, die er regelmäßig unterweist.

Offener Zen-Tag

Zweimal im Monat veranstaltet das Zen-Zentrum Tao Chan in Wiesbaden einen offenen Zen-Tag unter der Leitung von Zen-Meister Zensho W. Kopp.

Information und Anmeldung
Tel. +49 (0)611 940 623-1 Fax -2
www.tao-chan.de
www.facebook.com/ZenZentrumTaoChan

ZENSHO W. KOPP

BUCH

Wahres Leben aus Zen

Spirituelle Selbstverwirklichung
im täglichen Leben

Taschenbuch kompakt
Format: 11,5 x 16,5 cm
(D) 9,99 € | (A) 10,30 €

ISBN: 978-3-937883-71-7 (Printversion)
ISBN: 978-3-937883-74-8 (E-Book)
EchnAton Verlag

Der Weg zu kristallklarem Bewusstsein im aktiven Leben

Wir leben in einer Zeit, in der immer mehr Menschen bestrebt sind, spirituelles und aktives Leben zu verbinden. Aus diesem Grund erhält ein Buch wie dieses seinen ganz besonderen Wert, denn es kann unser ganzes Leben verändern.

Leicht verständlich veranschaulicht Zensho, worum es in dieser Zen-Praxis geht und wie sie uns zu innerem Frieden, tiefer Weisheit und einem sinnerfüllten Leben führt. Hierdurch werden wir fähig, die Kostbarkeit jedes Augenblicks mit unserem ganzen Sein zu erleben und kristallklares Bewusstsein und aktives Handeln als eine einzige Wirklichkeit zu erfahren.

Zensho W. Kopp

BUCH

Zensho W. Kopp

HÖRBÜCHER

Der direkte Zen-Weg zur Befreiung

Eine tiefe Weisheit,
die verwandelt und befreit

Gelesen von
Helge Heynold
2 CDs, 145 Min., 17,99 €

ISBN: 978-3-86266-051-3
steinbach sprechende bücher

JETZT REINHÖREN!

Zensho W. Kopp

HÖRBÜCHER

Wahres Leben aus Zen

Spirituelle Selbstverwirklichung
im täglichen Leben

Gelesen von
Helge Heynold
1 CD, 77 Min., 14,99 €

ISBN: 978-3-86266-053-7
steinbach sprechende bücher

JETZT REINHÖREN!